セレクション社会心理学—27

存在脅威管理理論への誘い

人は死の運命にいかに立ち向かうのか

脇本竜太郎 著

サイエンス社

「セレクション社会心理学」の刊行にあたって

近年、以前にも増して人々の関心が人間の「心」へ向かっているように思えます。「心」の理解を目指す学問領域はいくつかありますが、その一つ社会心理学においては、とくに人間関係・対人関係の問題を中心にして刺激的な研究が行われ、着実にその歩みを進めています。

従来から、これらの研究を広く総合的に紹介する優れた本は出版されてきましたが、個々のトピックについてさらに理解を深めようとしたときに適切にその道案内をしてくれるシリーズはありませんでした。こうした状況を考慮し、『セレクション社会心理学』は、社会心理学やその関連領域が扱ってきた問題の中から私たちが日々の生活の中で出会う興味深い側面をセレクトし、気鋭の研究者が最新の知見に基づいて紹介することを目指して企画されました。道案内をつとめるのは、それぞれの領域の研究をリードしてきた先生方です。これまでの研究成果をわかりやすいかたちで概観し、人間の「心」について考える手がかりを与えてくれることでしょう。

自ら社会心理学の研究を志す学生の皆さんだけでなく、自己理解を深めようとしている一般の方々にとっても大いに役立つシリーズになるものと確信しています。

編集委員　安藤清志　松井　豊

はじめに

皆さんは、自分がいつか死んでしまうということについて、日常で思いを巡らせることがどのくらいあるでしょうか。滅多に考えない、という人がほとんどでしょう。親しい人を亡くす、重い病気にかかる、あるいは闘病記を読むなど、何らかのきっかけで時に死に思いを馳せることはあっても、それは稀なことでしょう。自分がいつか死んでしまうという運命は、まるで他人事のように遠く自分とは関係のないものだと思えるものです。

ところが、自分の死が不可避であるという認識から生まれる恐怖（存在論的恐怖）が、人間に大きな影響を与えていて、それに対する防衛という観点から社会的行動が統一的に説明できる、と主張する理論があります。それが本書のテーマである、存在脅威管理理論（**terror management theory**：恐怖管理理論とも訳されます）です。存在脅威管理理論に基づく研究は実際に、存在論的恐怖が人間のさまざまな社会的行動に影響を与えることを示しています。死の影響、というと人生や死に対する考えの変化を連想するかもしれません。

しかしながら、存在論的恐怖の影響の興味深い点は、それが死とは直接関係ないような、個人の行動、対人関係、さらには集団同士の関係にまで及ぶことです。

本書では、そのような幅広い影響について、実証研究を概観しながら理解を深めていきます。その上で、存在論的恐怖に肯定的な形で立ち向かうためにはどうすればよいか、ということについて考えます。

ここで、本書の構成について説明しておきます。基本的に、存在脅威管理理論の研究史に沿う形で内容を構成しました。前半部分の第1章から第4章までは、理論の基礎的な部分やそれに関わる研究知見を紹介します。第1章では、存在脅威管理理論の基礎的な議論を解説します。続く第2章と第3章は、存在論的恐怖を和らげる心のシステム――自尊感情と文化的世界観に関する行動に、存在論的恐怖が与える影響について概観します。第4章では、存在論的恐怖に関わる情報がどのように処理され、どのようにして防衛反応が生じるのか、という認知プロセスについて論じます。

後半の第5章から第8章では、近年の新しい研究トピックや、存在脅威管理理論研究が抱える課題について取り上げます。第5章では身体の問題、第6章では他者との関係性が存在論的恐怖の問題といかに関わるかについて論じます。第7章では、進化心理学的視点からの代替説明や批判について考えます。第8章では、存在論的恐怖の否定的影響を乗り越え、肯定的な態度で対処するためにどうすればよいか、ということについて論じます。

存在脅威管理理論に関して、日本語で読める文献は現状ではほとんどありません。そこで本書ではできるだけ多くの研究知見を紹介するよう心がけました。そのため、「誘い」と銘打っておきながら、やや固い内容になっている面があります。どうぞその点はご容赦いただきながら、辛抱強くお付き合いいただければと思います。

最後に、本書の執筆の機会を下さった、本ライブラリ編集委員の安藤清志先生（東洋大学）と松井　豊先生（筑波大学）に感謝申し上げます。また、遅筆の著者に辛抱強くお付き合い下さった、サイエンス社の清水匡太さんにも感謝申し上げます。

目　次

はじめに　i

1 存在脅威管理理論の基礎……1

存在論的恐怖　1
存在論的恐怖を和らげる装置としての自尊感情、文化的世界観　4
自尊感情と文化的世界観がもたらすもの　5
世界の再構成　6
不死概念　6
象徴的存在としての枠組み　7
自尊感情の役割　8
存在脅威管理理論の基本仮説――CAB仮説とMS仮説　9

2

自尊感情関連反応に存在論的恐怖が及ぼす影響……13

自尊感情が高いと、死の不安を感じない　14
個人的側面での自尊感情希求反応　15
セルフサービングバイアス　16
自己の良い側面への選択的な同一化　18
財力誇示のための消費　19
寄らば大樹の陰――集団所属を通した間接的自己高揚　24
内集団バイアス　24
にわかファンの心理――集団同一化　28

3

自尊感情の基盤を守る――文化的世界観の防衛……37

文化的世界観の妥当性をいかに守るか?　38
外集団排斥　39
ステレオタイプに囚われた判断　41
差別主義者への共感　46

目　次

規範遵守・逸脱に関わる反応　49
存在論的恐怖は創造性を損なう　52
文化的世界観でのCAB仮説の検証　57

4 存在論的恐怖に対する防衛の認知プロセスモデル……63
存在論的恐怖の操作は主観的な不快感情を強めない　63
存在論的恐怖が強すぎると、防衛反応が生じない　66
自尊感情と文化的世界観が抑制するもの――死関連思考の接近可能性　67
死を考えた直後には何が起こっているのか?　72
防衛の二過程モデル　75

5 身体性に関する問題……79
動物性の切り離し　80
動物性の忌避　81
体性感覚の忌避　83

動物性は死を連想させる　85
身体を通じた自尊感情希求　86
食事量の制限　87
身体の客体化　89
健康関連反応への影響　92
運動の意図　92
死の恐怖に身を焦がす　94
セックスにまつわる問題　96
セックスの身体的側面の忌避　97
性的魅力の高い女性に対するアンビバレンス　98
子を産み、育てること　101
妊婦への否定的態度　101
母乳保育への否定的態度　103

6

関係性へのアプローチ……107
存在脅威管理理論における関係性の位置づけ　108
恋愛関係に関する研究　111
ロマンチック・コミットメントに関する研究　111
恋愛関係の形成促進　113
妥協してでも結婚したい　115
恋愛関係の不安緩衝効果　116
子どもを持ちたいという欲求　120
親離れの難しさ　124
友人関係の希求　127
友人との間での謙遜　129
友人との記憶　132
関係性に関する知見をいかにとらえるか？　134
不安緩衝装置の緩やかな関連づけ　139

7 ソシオメーターおよび進化心理学的視点との関連……143

ソシオメーター理論と進化心理学的視点　143
関係価と自尊感情の関連　146
ソシオメーターの誤作動　150
進化心理学的視点と存在脅威管理理論　151
ソシオメーター理論の知見を存在脅威管理理論から説明する　155

8 よりよい対処に向けて……159

世界観防衛の暗黒面――九・一一テロ後の否定的な反応　159
政治的保守性　161
外国人に対する差別および攻撃　162
自尊感情追求に関する問題　166
文化的世界観防衛が集団間葛藤に結びつくのを防ぐ　168
寛容さの価値　168
心の中の境界を取り払う　174

よりよい自尊感情追求の形――自分のためは他人のため　177
関係性による置き換え　180

おわりに　185

引用文献　205

1●存在脅威管理理論の基礎

第1章では、存在脅威管理理論の基礎的な議論について紹介します。まずは、存在脅威管理理論が問題とする存在論的恐怖とは何であるかについて考えます。その上で、そのような恐怖から私たちを守る心のメカニズムについて話を進めていきます。

●存在論的恐怖

人間が恐怖を感じる対象にはさまざまなものがあります。たとえばクマのような獰猛な動物が目の前に現れれば、多くの人が怖いと感じるでしょう。一方、一見さほど脅威ではなさそうなヘビやカエル、クモなどに恐怖を感じる人もいます。また、高いところや暗いところ、狭いところが苦手といったように、場所に関する恐怖もあります。これらの恐怖の根底にあるのは、自己の生命に対する危機が「今まさに」存在するという認識です。

存在脅威管理理論が問題にする恐怖は、これとは異なる性質を持ちます。もっと根源的で、人間に特有なものということもできます。それは、自分はいつか必ず死んでしまうという死の不可避性の認識から生まれる「存在論的恐怖」です。

死ぬことは怖いことで、私たちは普段、命の危険があるような場所に近づかないようにしたり、健康に気をつけたりすることで、できるだけ死を自分から遠ざけようとしています。しかし、いくら努力をしたとしても、究極的には死ぬことは避けられません。クローン技術なら自分を複製できる、と考える人もいるかもしれません。しかし、それは遺伝情報が同一の別個体が新たにできるだけで、もともとの自分自身が生きながらえるわけではありません。さらに、死には避けられないということ以外にも困った問題があります。それは、いつそれが訪れるか分からないということです。誰もが十分に生き、老いてから死ぬわけではありません。不慮の事故や急な発作で亡くなってしまう人が多いことも、私たちは知っています。予測不可能である、ということは死の恐怖を一層強めます。

ここで、「死ぬことは生き物すべてにとって恐ろしいことなのだから、〝死の恐怖〟ならば他の動物でも感じるのではないか」と考える人もいるかもしれません。確かに、目の前にある命の危機（自分より強くて凶暴で腹を空かしている肉食獣がいる、今にも崖から落ちてしまいそうだ）に対する恐怖であれば、人間も他の動物も同様に感じることでしょう。しかしながら、存在論的恐怖で重要なのは、上で述べた「いつか必ず」しかし「いつかは分からない」という点、つまりは「いつかは訪れる死に対する恐怖」なのです。言い換えれば、予期によって生じる恐怖ということになります。そのような恐怖は、高度に発達した認知能力――とくに自己意識と時間や空間を越えた推論をする能力――がなければ感じることのできないものです（ベッカー 一九七三／一九九七）。そして、そのような高度な認知能力を持っていることは、人間と他の動物を区別する大きな特徴の一つです。「目の前にある命の危機」と存在論的恐怖は違うものなのです。

学習や経験によって得た知識、築き上げてきた仕事上の業績、大切な人たちとの関係、旅先で見た美しい景色の記憶、死はそれら重要なものすべてを奪い去ってしまいます。こんなにも恐ろしいことが究極的には避けられないとすれば、人間は有意義に生きることを諦めてしまいそうなものです。しかし、現実には、人々の大半はそのような人生の帰結に絶望している様子はありません。日々の生活の中で私たちは存在論的恐怖について大して気に留めることはありませんし、身の回りの誰か、あるいは有名人が亡くなったことをきっかけにして冷静に生と死について考えることすらできます。なぜ、そのようなことが可能なのでしょうか。

●存在論的恐怖を和らげる装置としての自尊感情、文化的世界観

存在脅威管理理論では、それは、「人が存在論的恐怖を和らげる心のメカニズム（文化的不安緩衝装置）を持っているからだ」と考えます。そして、この心的防衛のメカニズムこそが、自尊感情とその基盤となる文化的世界観であると主張します。

自尊感情（self-esteem）とは、自分に対する好き嫌いといった評価的な感情です。一方、文化的世界観（cultural worldviews）とは、ある集団の中で共有されている信念体系のことです。自尊感情と文化的世界観を並べて論じることに、違和感を抱く人もいるかもしれません。しかし、この二つは密接に関係しています。それは、何を達成すれば自尊感情が得られるか、という基準が文化や集団によって異なるからです。たとえば、ニューギニアの先住民であるダニ族の男性では、コテカ（ペニスケース）をつけることは勇敢さを主張する意味合いを持ちます。彼らにとってコテカを装着することは自尊感情を高めうる行為です。しかし、日本人男性が人前で同じ格好をしたら、むしろ自尊感情は大幅に低下するでしょう。自尊感情がどうすれば得られるかという基準や手段は、文化相対的なものなのです。したがって、自尊感情を得るには、①文化的世界観の価値基準自体を信頼し、②そ

の基準に合致するように行動する、という二つのことが必要になるのです（グリーンバーグら 一九八六）。

これら存在脅威管理理論の基礎部分は、文化人類学者アーネスト・ベッカーの理論に基づいています。ベッカー（一九七三／一九九七）は、認知能力の進化が存在論的恐怖をもたらしたと考えました。そして、存在論的恐怖への対処システムもこの進化した認知能力によってもたらされたと主張しています。彼が対処システムとして位置づけたのは、文化とその中にある英雄システム（自尊感情をもたらすシステム）でした。存在脅威管理理論は、これらの発想を受け継ぎ、存在論的恐怖に対する防衛の心的メカニズムを明らかにしてきた理論なのです。

●自尊感情と文化的世界観がもたらすもの

さて、では、自尊感情と文化的世界観は、具体的にどのようにして存在論的恐怖を和らげるのでしょうか。ここでいくつかのトピックに分けて論じたいと思います。

世界の再構成

自然の世界は、無秩序で恐ろしいものです。秩序がないと世界がどのようなものかを意味づけて理解することができません。また、無秩序な世界では、何をすればよいのか、どうすれば危険を避けられるのかといったことを予測することができません。人間は不確実状況を苦痛だと感じます（ホッグ 二〇〇〇）。文化的世界観は、無秩序な自然の世界の成り立ちに説明を与えます（ソロモンら 一九九一）。そのことで、私たちは世界に秩序や意味を感じることができるようになります。自然の世界が、社会的な世界へと再構成されるのです。また、文化的世界観の中に含まれるしきたりやルールは、いかに行動すればよいかのガイドラインを私たちに与えてくれます。それらがすべて科学的、合理的なものとは限りません。しかしながら、少なくとも主観的には、そこから行動の適切さや安全に関する信念を持つことができます。これらのことによって、存在論的恐怖の「予測不可能性」の側面が、いくばくか緩和されることになります。

不死概念

存在論的恐怖を主観的に和らげる直接的な方法は、自分が死なない、あるいは死を超越することができると信じることです。映画や小説、漫画（手塚治虫の『火の鳥』などはその代表例でしょう）などで、生と死の問題や生まれ変わりや来世といったテーマがよく取り上げられますが、これは人間がそのような信念を強く求めていることの表れでもあります。不死に関する信念、「不死の概念」は、大きく二種類に分けることができます（ソロモンら 一九九一）。一つは「文字どおりの不死」（literal immortality）、すなわち直接的不死です。これは、死後にも自分の人生が続く、という信念です。たとえば、天国やあの世などで生きるといった死後の世界に関する信念は、直接的不死です。また、輪廻や生まれ変わりといったものも、直接的不死に含まれます。もう一つは「象徴的不死」（symbolic immortality）です。象徴的不死は、自分より長くこの世に存在し続けると思われるものの中に、自分の一部が残っていく、という信念です。たとえば、自分が作り上げた芸術作品や仕事の業績の中に自分が生き続ける、というのがこれにあたります（今私がこうしてこの本を執筆していることも、象徴的不死を獲得する行動なのかもしれません）。また、家族や大切な人の心の中に自分が残る、という考えも象徴的不死の一種と考えられます。直接的不死や象徴的不死は、とくに存在論的恐怖に対する防衛の重要な要素です。

象徴的存在としての枠組み

文化的世界観は、人間に「象徴的存在」としての枠組みを与えます。象徴的存在とは、かなり広い概念ですが、何らかの社会的な役割や意味を持った存在という意味です。人間の身体性や動物性は、その滅び、つまりは死を連想させる側面を持っています。そのため存在論的恐怖を和らげる上では、自分自身を動物と区別することも重要な意味を持ちます（ゴールデンバーグら二〇〇一）。文化が与える象徴的存在としての枠組みは、そのような動物的側面から注意をそらし、主観的に人間と動物を区別することを可能にします。

自尊感情の役割

ここまで述べたように、文化的世界観は不死概念や象徴的存在としての枠組みを与えることで、存在論的恐怖を和らげます。ただし、文化に所属する構成員の誰もが、そのような効果を享受できるわけではありません。不死概念や象徴的存在の枠組みを得るためには、文化的世界観の価値基準を満たしていることが必要です。天国や極楽浄土で救済されるのは、善良なる人、あるいは熱心に信仰した人である（あるいはそうでなければ救済されない）という考え方は多くの宗教に共通しています。また、業績や作品といったものはある程度その文化で評価されたものですし、他人とうまく付き合えない人が人の心の中に残る、というのも考えにくいことです。加えて、集団の価値基準から逸脱した人たち（あるいは差別によって強制的にそのような立場に追いやられた人たち）は、文化的水準の低い生活環境に置かれてしまいます。このことは象徴的存在としての貴さを剥奪されるという意味合いを含んでいます。文化的世界観の不安緩衝効果を享受するためには、その価値基準に一致していること（少なくともそう主観的に信じること）が必要になるのです。そして、存在脅威管理理論では、自尊感情をこの「文化的世界観の価値基準を満たした有意味な社会の有能な構成員であるという感覚」（グリーンバーグら 一九九七）であると定義しています。自尊感情は、文化的世界観の不安緩衝効果を引き出す手形のようなものなのです。

この節でふれてきた各要素は、死そのものを解決するわけではなく、自己や世界、死の主観的な意味づけを通して存在論的恐怖を低減するものです。このため、自尊感情や文化的世界観（加えて第6章で論じる他者との関係性）による防衛は象徴的防衛（symbolic defense）とも呼ばれます。

●存在脅威管理理論の基本仮説――CAB仮説とMS仮説

ここまで見てきたように、存在脅威管理理論では、自尊感情と文化的世界観を、存在論的恐怖を和らげる文化的不安緩衝装置であると考えます。このような理論的発想に立つと、自尊感情や文化的世界観について、二つの基本的な仮説を立てることができます（ソロモンら 一九九一）。一つは「文化的不安緩衝装置が強化されているとき、人は存在論的恐怖を感じにくく、逆にそれらが弱体化しているときには存在論的恐怖を強く感じる」という、文化的不安緩衝装置仮説（cultural anxiety-buffer hypothesis：CAB仮説）です。「文化的不安緩衝装置が強化されている」というのは、自尊感情が高いことや、文化的世界観の妥当性を十分に信頼できていることを意味します。対照的に「弱体化している」というのは、自尊感情が低くなっている場合や、文化的価世界観への信頼が揺らいでいる状態のことです。

もう一つは、「存在論的恐怖が顕現化すると、人は文化的不安緩衝装置の機能をより強く求める」という存在脅威顕現化仮説（Mortality Salience hypothesis：MS仮説）です。これはつまり、存在論的恐怖を思い起こさせるような刺激や状況に出会うと、人は自尊感情を獲得するような反応を示したり、文化的世界観を擁護したりするようになる、ということです。すでに、この二つの基本仮説に基づいて多くの研究が行われています。

第1章では、存在脅威管理理論のあらましについて論じてきました。人間は生存への欲求と高い認知能力を併せ持ったために、存在論的恐怖にさいなまれることになってしまいました。自尊感情と文化的世界観は、そのような恐怖を和らげる重要な役割を果たします。人が自尊感情を強く求めたり、自分たちの文化的な世界観を防衛したりしようとするのは、存在論的恐怖への対処を行うためなのです。

次の第2章では自尊感情に焦点を当てて、自尊感情が死の不安とどのように関わるか、また存在論的恐怖がどのような自尊感情希求行動を生じさせるのかについて論じます。

2・自尊感情関連反応に存在論的恐怖が及ぼす影響

人は普通、自分のことを何らかの点で良いと思っていたいものです。自分は頭が良いとか、可愛いとか、性格が良いとか、多くの人が何らかの点で自分に長所があると思っているでしょう。最近ではそういった具体的なことではなくて、一人ひとりの個性そのものがオンリーワンで尊い、という考え方をする人もいるでしょうが、いずれにせよ自分に対して肯定的な感情を持ちたいという点は同じです。

このような、自己に対する評価的感情（好き嫌いや善し悪しの感情）を自尊感情と言います。社会心理学の研究では、人が自尊感情を強く求める傾向を持ち（この傾向を自己高揚傾向と言います）、それが行動に強く影響することを示してきました。

しかしなぜ、人は自尊感情をそんなに強く求めるのでしょうか？　前章で論じたように存在脅威管理理論は、この問いに存在論的恐怖に対する防衛、という点から回答します。

第2章では、自尊感情が存在論的恐怖の問題にいかに関わるのかを示した研究を紹介します。まずはCAB仮説について検討した研究を解説し、その次にMS仮説について検討した研究を見ていきます。

●自尊感情が高いと、死の不安を感じない

CAB仮説からは、「自尊感情が高い状態にあるときには死の不安がより弱い」という予測を立てることができます。グリーンバーグ、ピジンスキーら（一九九二）はこの予測を検証する研究を行っています。この研究では、実験参加者はまず性格検査を受けました。そして、約半数の人は本人の回答とは関係なく、肯定的な性格だという結果をフィードバックされ（つまり自尊感情を人為的に高められ）ました。残り半数の人は、良くも悪くもないという中性的なフィードバックを受けました。そして、次に別の実験として（本当は関連しているのですが、実験目的を悟られないようにするために事実と違う説明をしています。このような架空の説明をカバーストーリーと言います）、死の不安を喚起するような映像（凄惨な事故の様子の映像）もしくは中性的な内容の映像を見て、その後感じた不安の強さを報告しました。

表1　性格検査のフィードバックと映像の種類による不安の強さ（グリーンバーグら，1992，研究1）

	死不安喚起映像	中性的映像
肯定的フィードバック	43.09	44.93
中性的フィードバック	54.15	43.46

得点範囲は20（低不安）〜80（高不安）。

この結果を示したのが表1です。表から明らかなように、肯定的フィードバック群では、死の不安を喚起する映像を見た場合でも、中性的映像を見た場合と不安が同じ程度であるという結果が得られました。さらに、知能テストの結果に関するフィードバックで自尊感情を操作した場合にも、また、映像視聴ではなく電気ショックの危険に対する不安を測定した場合でも、同様の結果が得られました（グリーンバーグら　一九九二、研究2、3）。さらに、グリーンバーグらの別の実験（グリーンバーグら　一九九三）では、特性的に自尊感情が高い人が、自分の生命の脆さを否認する傾向が弱いことが報告されています。これらの研究結果は、CAB仮説を支持するものです。

●個人的側面での自尊感情希求反応

続いて、MS仮説を検証した研究について見ていきます。

ＭＳ仮説からは、存在論的恐怖が喚起されると、人は自尊感情を守ったり、高めたりする反応を示すことが予測されます。

セルフサービングバイアス

セルフサービングバイアス（self-serving bias）とは、成功と失敗の原因を自分に都合のよいように解釈する認知の歪みです。具体的には、成功したときには能力など自分の内側にある要因に原因を求めるのに、失敗したときには運や難しさなど自分の外側にある要因に原因を求めることを指します。セルフサービングバイアスは、自尊感情を求める行動の典型的なものの一つです。

ミクリンサーとフロリアン（二〇〇二、研究２）は、参加者を二つの群に分け、一方の群では死に関する二つの自由記述の質問に回答を求めました。このような、存在論的恐怖を喚起する操作を Mortality Salience 操作（ＭＳ操作）と言います。他方の群にはテレビ視聴に関する同数の質問への回答を求めました。これは、比較基準となる統制条件（影響のない操作を行ったり、操作そのものを行わなかったりする条件）です。参加者はいずれかの条件の操作を受けた後、物事の達成に関する六つの架空のシナリオを読みました。三つは肯定的な結果（成功）、残り三つは否定的な結果（失敗）が伴うものでした。それぞれのシナリオについて、参加者は自分がその出来事を経験したつもりになって成功・失敗

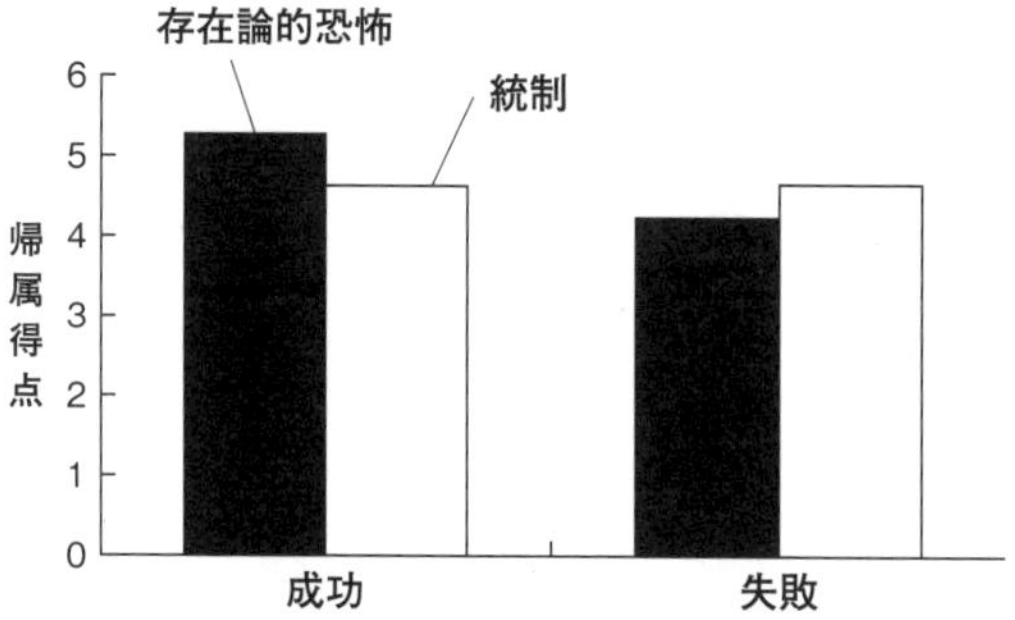

図1　条件ごとの帰属得点（ミクリンサーとフロリアン，2002，研究1）

の主要な原因を考え、さらにそれがどの程度内的か、時間的に安定しているか、全般的かを評定しました。この三つの次元の得点を用いて、得点が高くなるほど、原因を自分に引きつけて考えることを意味するよう帰属得点が算出されました。条件ごとの合成得点を図1に示しました。成功の場合、存在論的恐怖条件で統制条件よりも帰属得点が高くなっていました。対照的に、失敗に関しては存在論的恐怖条件で帰属得点はより低くなっていました。つまり、存在論的恐怖に脅かされる状況では、成功については自分により引きつけて考え、失敗については逆に自分から切り離して考えるようになるという、セルフサービングバイアスが強くなっていたのです。

自己の良い側面への選択的な同一化

個人が自分について考えるときに、ある側面を大事に思っていることを、心理学的にはその側面に「同一化している」と言います。人間には良いところも悪いところもあるものです。そのため、自分のどんな側面に同一化するかで、自尊感情は大きく違ってきます。自分の優れている側面に選択的に同一化していれば、自尊感情は高くなります。

ゴールデンバーグら（二〇〇〇、研究1）は、自分の身体に対する同一化に、存在論的恐怖が及ぼす影響を検討しました。まず、各実験参加者は身体に関して持っている自信を測定する質問紙に回答し、その上で存在論的恐怖もしくはテレビ視聴について考える課題を受けました。その後、自分の身体にどの程度同一化しているかを尋ねる質問紙に回答しました。その結果、身体に自信を持っている人は、存在論的恐怖について考える条件で、自分の身体により強く同一化していました（図2）。一方で、身体に自信を持っていない人では、そのような影響はみられませんでした。この結果は、存在論的恐怖が意識される状況で、自分が自信を持っている側面への選択的同一化を通した自尊感情希求反応が生じることを示しています。

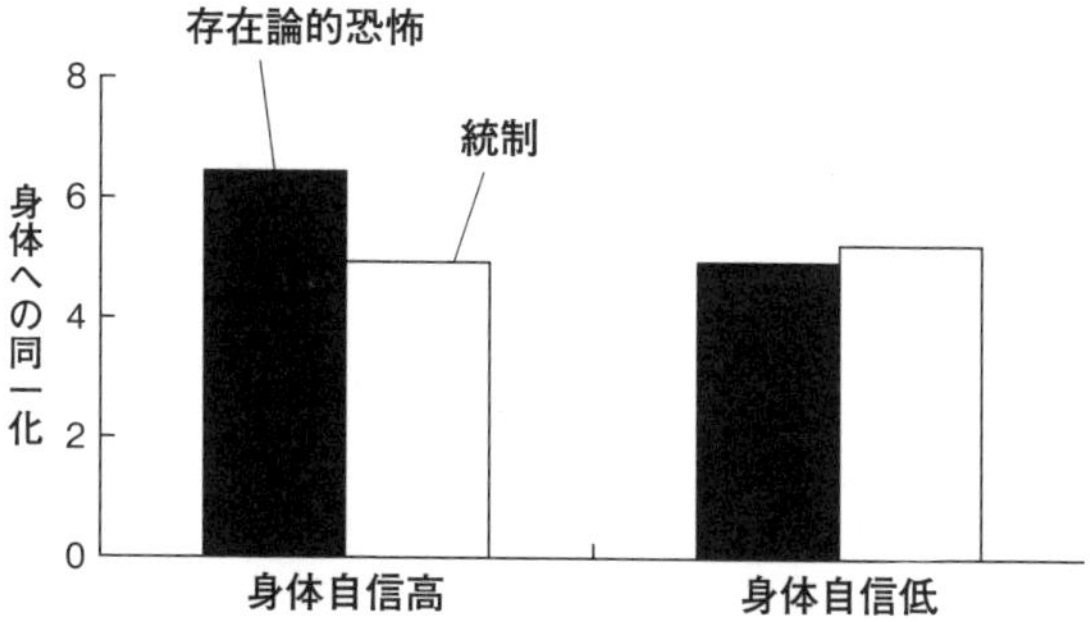

図2　身体への自信と死関連思考が身体への同一化に及ぼす影響（ゴールデンバーグら，2000，研究1）

財力誇示のための消費

道徳的に良いことかどうかは別として、物質的な豊かさは古来より、人間が自分自身や他者を評価する重要な次元の一つです。そして、豊かさは自尊感情の源泉となります。歴史上の有力者が豪華な城や墓を建て、きらびやかな宝飾品に身を包んでいたことも、その傍証となるものです。

　現代の先進国のような高度消費社会であれば、「消費すること」が物質的な豊かさを他人に見せつける重要な手段になります。たとえば、高級品（高地位商品）を購入したり、そのような商品を好む態度を示したりする（いわゆる「違いが分かる人」であることを示す）ことがその例です。このような目的をもった消費行動は、財力誇示のための消費

(conspicuous consumption) と呼ばれます。真贋含めブランド製品がもてはやされるのは、製品の品質以外にそのような社会的な理由もあると考えられます。

見せびらかしの消費が物質的な豊かさを示すことで自尊感情の高揚に寄与するのであれば、存在論的恐怖は高地位商品への態度にとくに影響を及ぼすはずです。マンデルとハイネ(一九九九)は、商品の持つ地位情報が、商品の魅力評価に及ぼす影響を検討しています。彼女らの実験では、実験参加者は自己の死もしくは抑うつ(これはネガティブな感情のみで存在論的恐怖と同じ効果が出ないことを確認するために設けられた条件です。詳細は第4章参照)に関するアンケートに答えた後、高い社会経済的地位を示す商品(レクサスの自動車やロレックスの時計)と低地位を示す商品や地位情報を含まない商品(コルベットのメトロという大衆車やプリングルスのポテトチップス)の広告を見て、広告の有効性、商品への興味、購入意欲について回答しました。この三つの評定値を平均したものが、商品に感じる魅力の指標です。条件と商品ごとの魅力得点を図3に示しました。高地位商品は、存在論的恐怖条件で魅力得点が高くなっています。一方、低地位商品ではそのような影響はみられませんでした。さらにハイネら(二〇〇二)は、日本でもこの結果が再現されることを報告しています。なお、日本では高地位商品としてジャガーの自動車ととらやのようかん、低地位商品としてはトヨタのデュエット(小型自動車)とプリングルスの

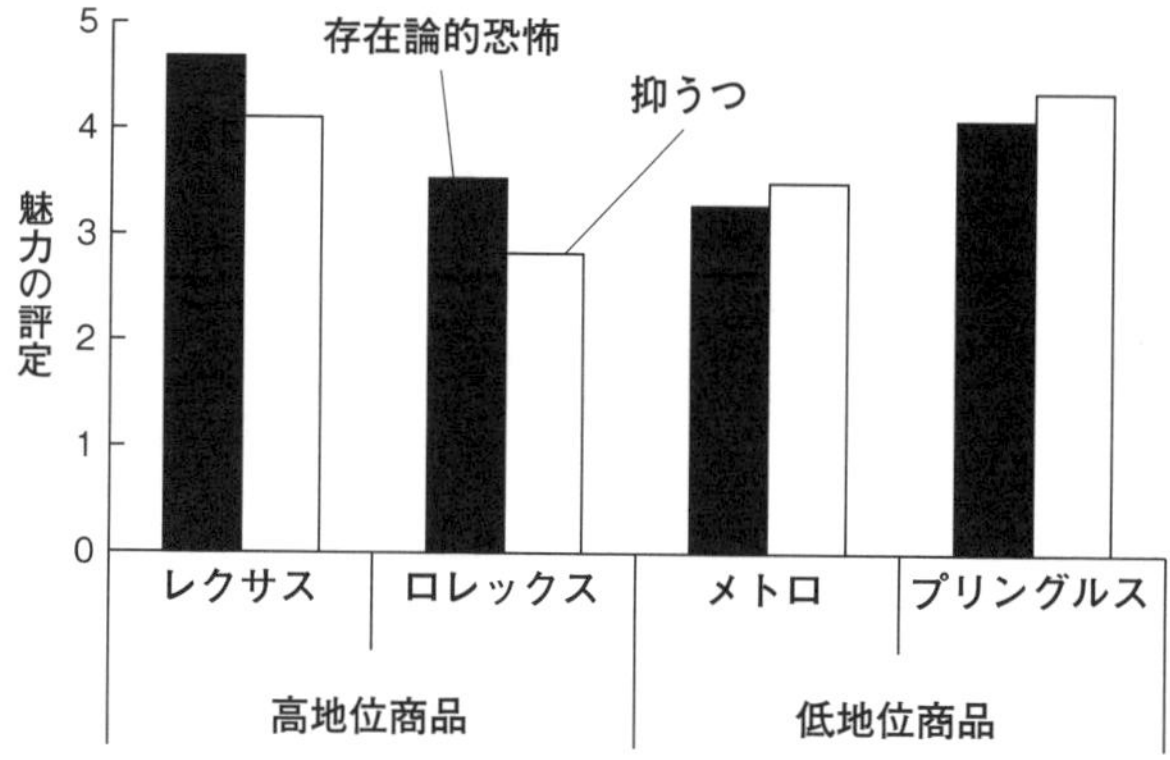

図3　実験条件ごとの高地位商品と低地位商品の魅力評定
（マンデルとハイネ，1999）

ポテトチップスが使われました。
　これら二つの研究は、具体的な商品の判断を問題にしています。これに対して、カッセルとシェルドン（二〇〇〇）は、存在論的恐怖が将来の経済状態についての予測や消費意図、さらには経済的な利益への欲求に及ぼす影響について検討を行っています。研究1では、存在論的恐怖条件の実験参加者は統制条件（音楽について考える）の参加者よりも、一五年後の全体的な財政状態（自分自身および配偶者の給料、家や投資の資産価値等）や楽しみのための出費額（衣服・娯楽・余暇活動への出費）を高く評価することが明らかにされています（表2上段）。所有物

（車や家にあるもの）の価値の評定には効果がみられていませんが、これはそれら所有物と自己の結びつきが必ずしも強くなかったからだと考えることができます。

研究2では森林管理ゲームという実験手法が用いられました。森林管理ゲームでは、参加者は材木会社の経営者になります。参加者の会社は、ライバル企業三社と国有林での材木伐採を巡って競争しなければなりません。しかし、がむしゃらに自己利益を追求できるわけではありません。なぜならば、企業があまりに多くの木を伐採し続けると、森がなくなってしまうという制約が設定されているからです。この状況で、参加者はどのくらい他社よりも利益を上げたいと思うか（欲望）、他の企業がどれくらい多く木を切ると思うか（恐怖）の評定を行いました。これらは、伐採量の判断の動機の指標です。そしてその上で、伐採できる一〇〇エーカー（一エーカーは約四〇四七平方メートル）の土地のうち、最初の年度で何エーカーを伐採するか判断させました。結果を表2下段に示しました。存在論的恐怖条件では、欲望の得点が高くなっていました。また、実際の伐採量に関しても、存在論的恐怖条件でより多いことが示されました。一方、恐怖については条件間で差がみられませんでした。これらの結果は、存在論的恐怖条件で、他社よりも利益を上げようという欲望から（他社に出し抜かれるという恐怖ではなく）、多くの木を伐採するという判断をしたことを示しています。

表 2　存在論的恐怖条件と音楽条件における，消費への欲求指標の得点（カッセルとシェルドン，2000）

	存在論的恐怖	統制
研 究 1		
全体的な財政状態	0.13	−0.23
楽しみのための出費	0.22	−0.27
所有物の価値	−0.05	−0.03
研 究 2		
欲　望	5.50	4.65
恐　怖	4.37	4.68
伐 採 量	61.97	49.30

研究 1 の数値は各項目の評定の標準得点の平均値。
研究 2 の欲望と恐怖の得点範囲は 1～7。

この節で紹介した研究は、存在論的恐怖が経済活動を通した自尊感情追求行動を生ぜしめることを一貫して示しています。買い物や経済的な利益に対する強すぎる執着の背景には、存在論的恐怖の影響があるのかもしれません。

●寄らば大樹の陰――集団所属を通した間接的自己高揚

ここまで紹介してきた研究知見は、個人的な側面での自尊感情希求反応に関するものでした。しかしながら、人間の自尊感情は個人的な側面だけではなく、どんな集団に所属しているかという社会的・集団的側面からも影響を受けます。たとえば、有名な学校や企業に所属していれば、自尊感情は高くなるでしょう。また、自分が応援しているスポーツチームが良い成績を収めれば、誇らしい気持ちになるものです。このように自尊感情追求行動を理解するには、集団との関わりを通した間接的な影響を考えることも必要です。ここでは集団を通した自尊感情希求反応について、代表的な研究を紹介します。

内集団バイアス

人は内集団と外集団が区別されるとき、相対的に内集団の成員を肯定的に評価する（ひいきする）内集団バイアス（in-group bias）を示します。内集団バイアスは、内集団と外集団の区別が現実的にはまったく無意味なもので、集団間に具体的な資源を巡る対立や葛藤がなくても生じます（タジフェルら 一九七一）。これは、外集団との対比で内集団あるいはその成員を肯定的にとらえることで、その肯定的な評価を自分に反映させる間接的な自己高揚の現れです。

存在脅威管理理論に基づく内集団バイアスの先駆的研究は、ネルソンら（一九九七）によって行われました。この実験では、実験参加者（すべてアメリカ人）はまず、実際の死体の映像を含む交通教育ビデオ（存在論的恐怖条件）もしくはウインカーの使い方など死と無関連な内容の交通教育ビデオ（統制条件）を視聴しました。その後、別の研究の課題として、自動車の運転中に自損事故を起こして後遺障害を負った運転手（アメリカ人）が、その車を製造したアメリカ企業もしくは日本企業を相手に、損害賠償を求めているというシナリオを読みました。このシナリオでは、ワイパーが作動しなかったこと、運転手自身の判断ミス、突然の悪天候という三つが事故に寄与した要因として描かれていました。つまり、事故の責任が誰にあるのかについて、議論の余地がある状況でした。参加者はシナリオを読んだ上で、事故の責任が企業、運転手、制御することが不可能な偶然の三つにどの程度帰属できると思うかを回答しました。

図4左側には企業の責任に関する結果を示しました。存在論的恐怖条件の実験参加者は、日本企業の責任をアメリカ企業よりも重く評価していました。一方、統制条件の実験参加者は、日本企業の場合もアメリカ企業の場合も同程度に責任を評価していました。次に、図4右側の運転手の責任に注目してください。存在論的恐怖条件に着目すると、日本企業

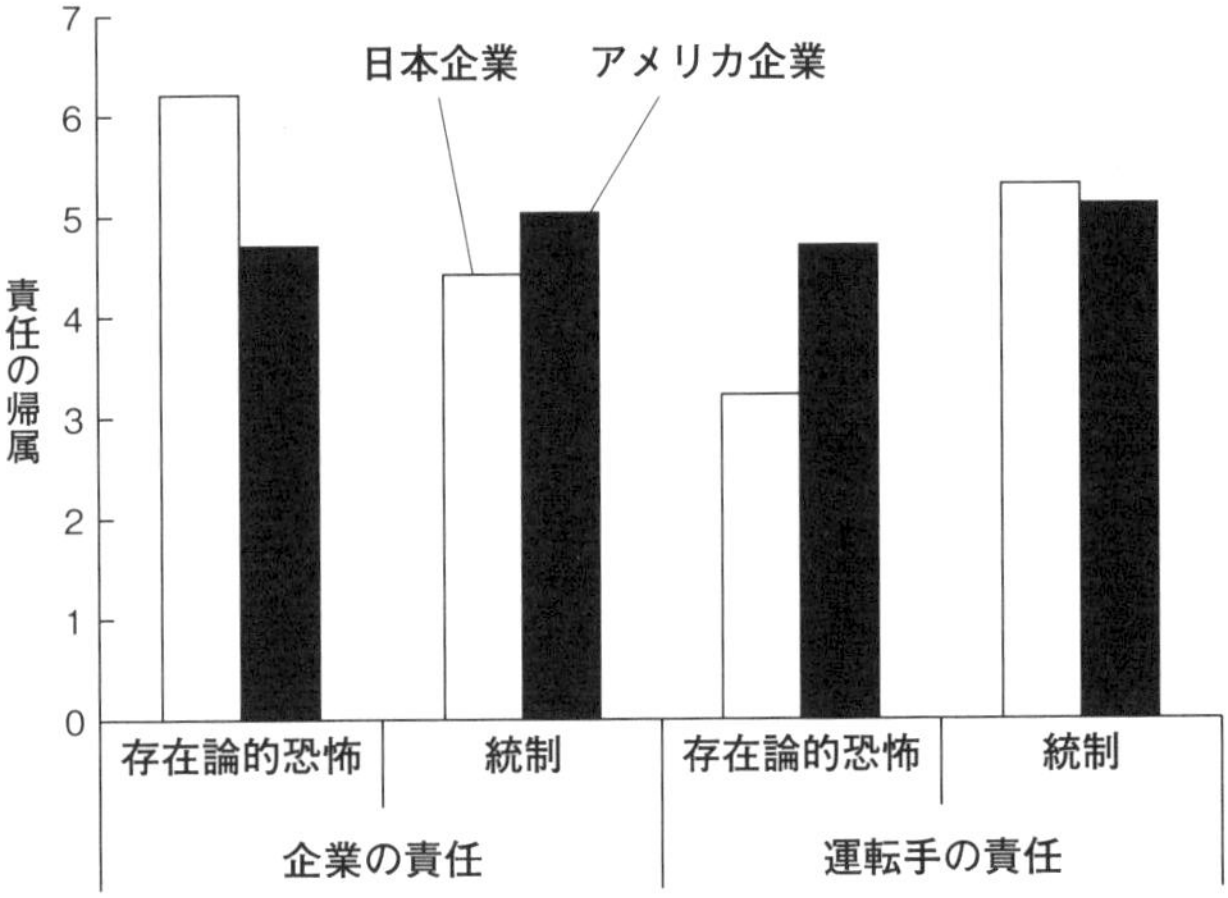

図4　企業の国籍と存在論的恐怖の操作ごとの企業の責任と運転手の責任判断（ネルソンら，1997）

の場合にアメリカ企業の場合よりも、運転手の責任が軽く評価されていました。統制条件では企業の国籍による差はみられませんでした。この知見は、評価対象が自分にとって内集団か外集団かで、同じ過失であるにもかかわらず、責任追及の度合いが異なることを示しています。この結果は、存在論的恐怖が内集団バイアスを強めることを如実に示しています。

この内集団バイアスが生じるプロセスについて、一歩踏み込んで検討をしているのがカスタノら（二〇〇二）です。カスターノらは、存在論的恐怖の影響を媒介する変数として、集団の実体性（entitativity）認知に着目しました。集団の実体性認知とは、本来は実体がない（多くの個人の集合でしかない）集団に、あたかも統一的な実体が存在するかのように考えてしまうことを指します。国や大学、地域などを擬人化したキャラクターを用いた風刺画や漫画、広告を想像していただくと良いかと思います。厳密ではないですが、集団について判断するときに、あのようなキャラクターを頭の中に作り上げてしまうことだと考えてください。先述のとおり、人は内集団と外集団に分けられると（集団に境界があることを知覚すると）内集団バイアスを示すようになりますが、集団実体性の認知が強い人ほど、集団の境界の知覚と内集団バイアスの関係が強くなることが知られています（ゲルトナーとショプラー 一九九八）。

彼らの研究で使用されたモデルを図5に示しました。予測通り、存在論的恐怖が集団の実体性認知を強め、それにより内集団バイアスが強まるという間接的な影響過程が存在することが示されました。ただし、存在論的恐怖から内集団バイアスへの影響力は、実体性を考慮すると・五六から・三九に下がっているものの、ある程度の値を維持しています。つまり、集団の実体性認知を通る経路で影響のすべてが説明できるわけではないということです。

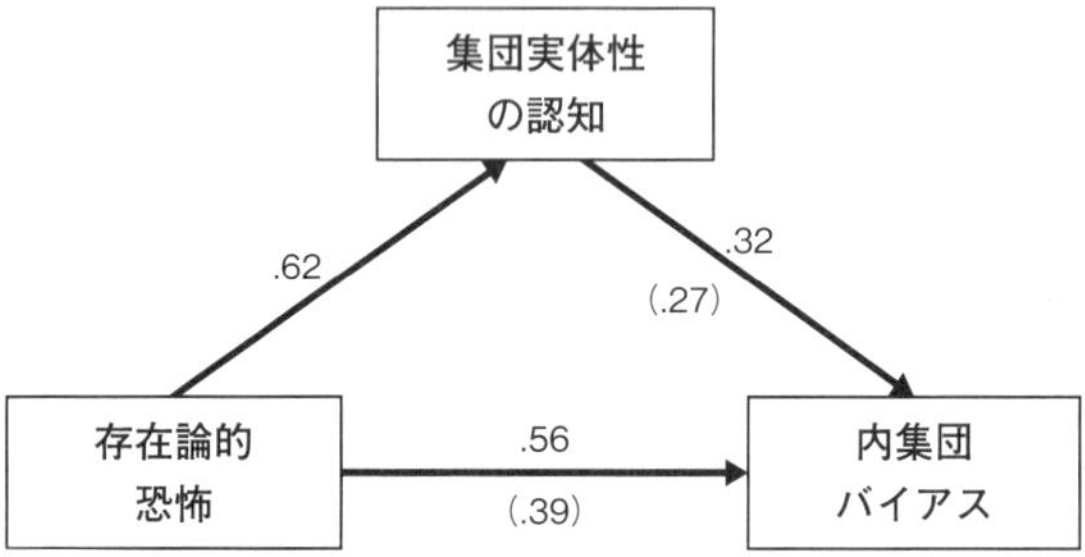

図 5　集団実体性による媒介（カスターノら，2002）
括弧内は変数を同時投入したときの回帰係数。

にわかファンの心理
——集団同一化

前述の内集団バイアス研究は、内集団が外集団よりも望ましい事態に焦点が当てられていました。しかしながら、内集団が常に自分にとって肯定的な含意を持つわけではありません。内集団が肯定的な含意を持つか否定的な含意を持つかに応じて、人はその集団との関わりを調整します。たとえば、自分の国のスポーツチームが世界大会で活躍をしていると、普段はそのスポーツに興味がない人でもテレビで応援したり、ユニフォーム等のグッズを購入したりすることがあります。いわゆる「にわかファン」現象です。このような集団に対する心理的な関わり方の動的な側面をとらえているのが、集団同一化（group identification）研究です。

ディシェーヌ、グリーンバーグら（二〇〇〇、実験2）は、スポーツチームへの集団同一化について検討しました。彼らは、事前調査で、所属大学のフットボールチームおよびバスケットボールチームのある程度のファンである（もともとそれらのチームにある程度同一化している）大学生を対象に研究を行いました。一部の参加者は、その年のフットボールリーグ戦開始前に、その他の参加者は、そのチームがシーズン初戦に敗れた後に、そのフットボールチームと、バスケットボールチーム（前年度の国内チャンピオン）に対する態度を測定する質問紙に回答しました。図6に示したのは、相対的同一化の得点です。得点が高いほどバスケットボールチームに相対的に同一化していることを意味します。存在論的恐怖条件では、敗退前に比べて、敗退後にバスケットボールチームへの相対的同一化が強まっていました。つまり、より成績の良いチームとの心理的距離が近くなっていたのです。別の不快事象（次の試験）について考える条件では、敗退前後で相対的同一化の程度に統計的に有意な差はありませんでした。

さらにアントら（二〇〇二、研究2）は、集団の持つ含意を実験的に操作して、この知見をより精緻に再現しています。彼らの実験は、ヒスパニック系アメリカ人を対象としたものでした。実験参加者は、アメリカでヒスパニックの麻薬密輸業者が逮捕されたという新聞記事（ヒスパニック集団の否定的含意を示す条件）もしくはヒスパニックの宣教師が

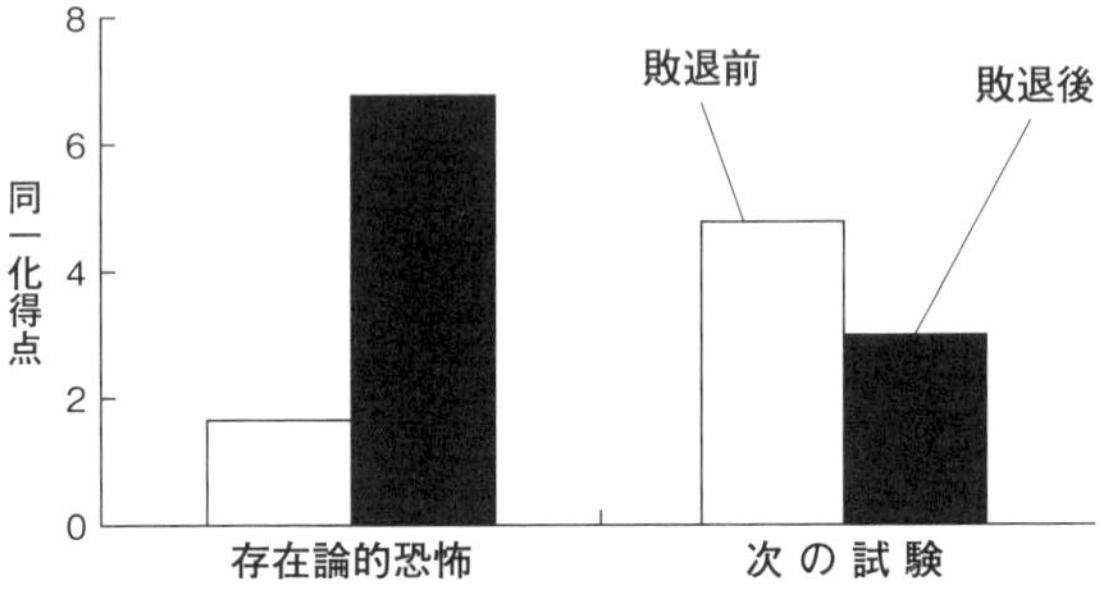

図6　フットボールチーム敗退前／後の条件ごとのバスケットボールチームへの相対的同一化（ディシェーヌ，グリーンバーグら，2000，実験2）

貧民街で社会奉仕活動のネットワーク作りに寄与したという新聞記事（肯定的な含意を示す条件）を読みました。その上で、存在論的恐怖もしくは不快事象（歯科不安）について考える操作を受け、その後、ヒスパニック系画家が描いた絵とアングロ系画家が描いた絵の評定を行いました（実際には、画家の名前でそうであるかのように呈示しているだけです）。集団からの脱同一化は、そのメンバーへの否定的評価として現れます。したがって、絵画の評価が否定的であるほど同一化が低くなっていると考えることができます。

結果を図7に示しました。図7左側は否定的含意条件の結果です。ヒスパニック系画家の絵の評価は、存在論的恐怖条件で歯科不安条件よりも低くなっていました。対照的に右

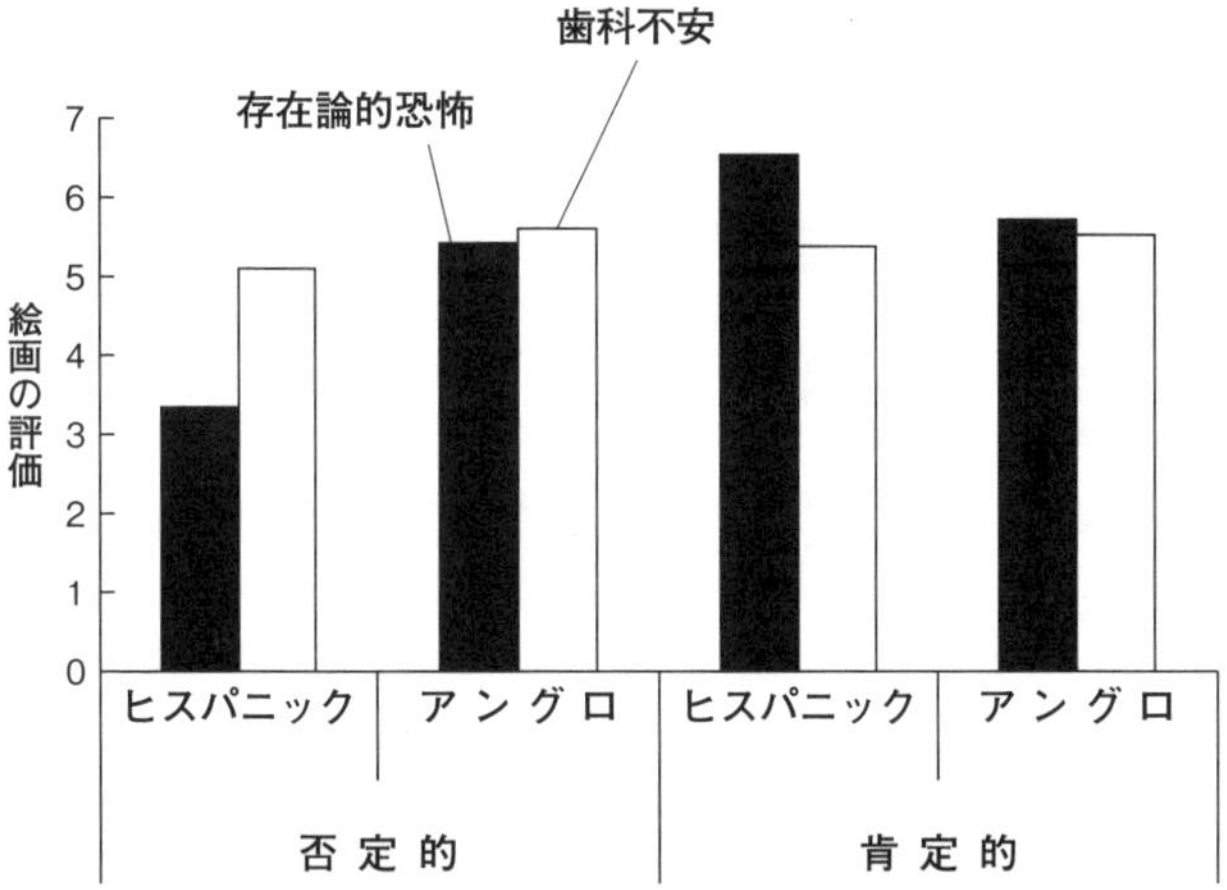

図7　存在論的恐怖とヒスパニックの肯定的・否定的人物の呈示が，ヒスパニックおよびアングロ系画家の作品評価に及ぼす影響
（アントら，2002，研究 2）

側の肯定的含意条件では、存在論的恐怖で歯科不安条件よりもヒスパニック系画家の絵の評価が高くなっていました。参加者の民族性の影響は見られませんでした。つまり、民族的内集団の場合（ここではヒスパニック系参加者の場合）でもこのようなパターンの反応が生じるということです。ここまでで紹介した二つの研究の結果は、人が自尊感情に与える集団の影響を考慮しながら、その集団との心的距離（同一化の程度）を戦略的に調節し、自尊感情の維持

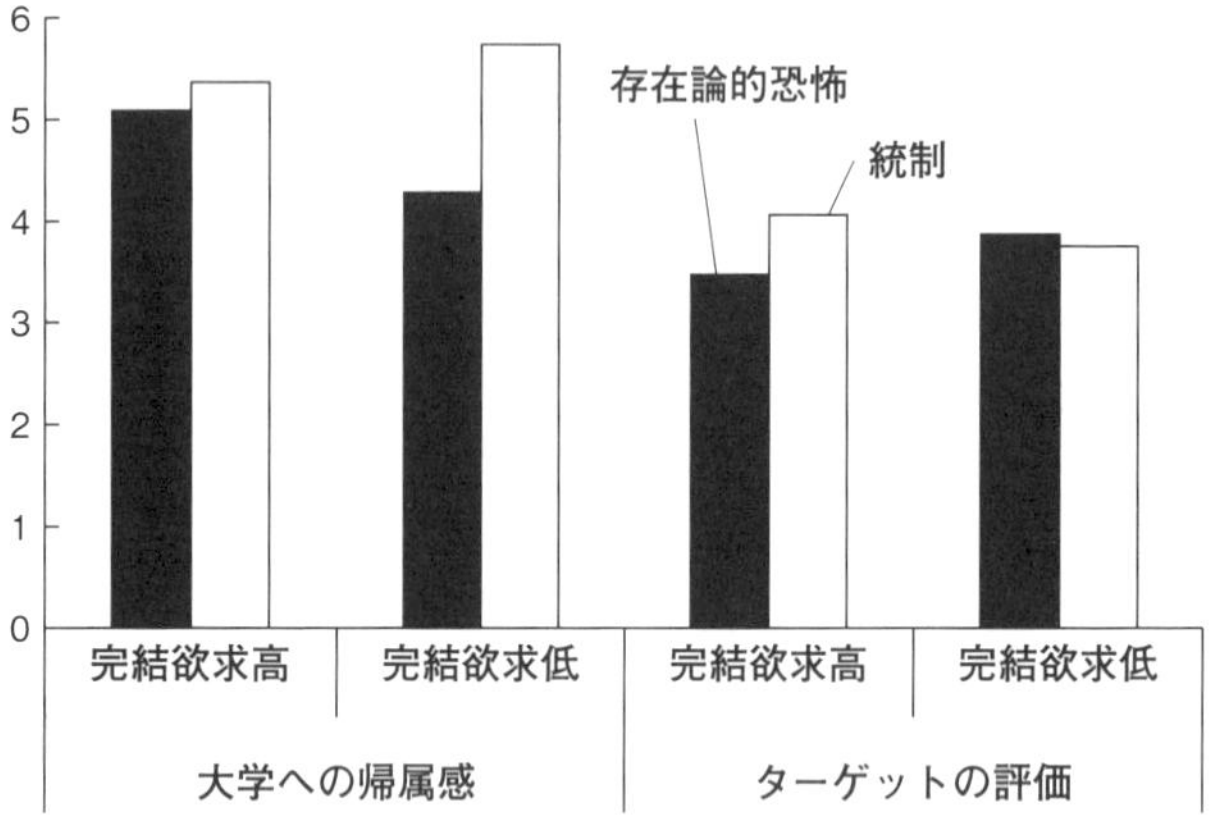

図8　存在論的恐怖と認知的完結欲求が大学への帰属感，批判ターゲットの評価に及ぼす影響
（ディシェーヌ，ヤンセンら，2000，研究1）

を図っていることを示すものです。

存在論的恐怖が集団同一化に及ぼす影響に関して、個人の特性および状況要因も加え、さらに一歩踏み込んで検討しているのがディシェーヌらの別の研究（ディシェーヌ、ヤンセンら二〇〇〇）です。彼らは研究1で認知的完結欲求を個人差変数として扱い、集団（実験参加者が所属する大学）が批判された後の反応の違いを検討しました。認知的完結欲求は、問題に対して確固たる答えを求め、曖昧さを嫌う傾向を指します。認知的完結欲求の高さは、文化的世界観を脅かす情報を嫌う傾向、またそのような情報に接したときに、態度を変えるよりも争う傾向（クルグランスキとウェブスター 一九九六）と関連します。実験の結果、認知的完結欲求の高い者は存在論的恐怖が顕現化する状況で、大学への帰属感（つまり同一化）を維持する一方で、大学を批判したターゲットを否定的に評価していました。一方、認知的完結欲求の低い者では、存在論的恐怖は大学への帰属感を弱める一方、ターゲットの評価には影響しないことが示されました（図8）。

さらに研究2では認知的完結欲求の測定の代わりに、集団の移動可能性（所属大学から別の大学に移ることがどの程度難しいか）を操作して同様の実験を行いました。彼らは記憶課題と称して、所属大学から別の大学に移ることが困難あるいは容易であるという記事を実験参加者に読ませるという手続きを用いました。実験の結果、移動が困難であるという記事を読んだ群では存在論的恐怖条件で批判者を攻撃し、大学への帰属感を維持するという反応がみられました（図9）。対照的に、移動が容易であるという記事を読んだ群では集団からの脱同一化が起こり、批判者を攻撃しないことが示されました。この知見は、自己高揚のための集団への同一化、あるいは自尊感情低下を防ぐための集団からの脱同一化が、他の集団に移動しようという動機（認知的完結欲求の高い者はこの動機が弱いと考えられる）や、他の集団への移動のしやすさによって調節されることを示しており、今後

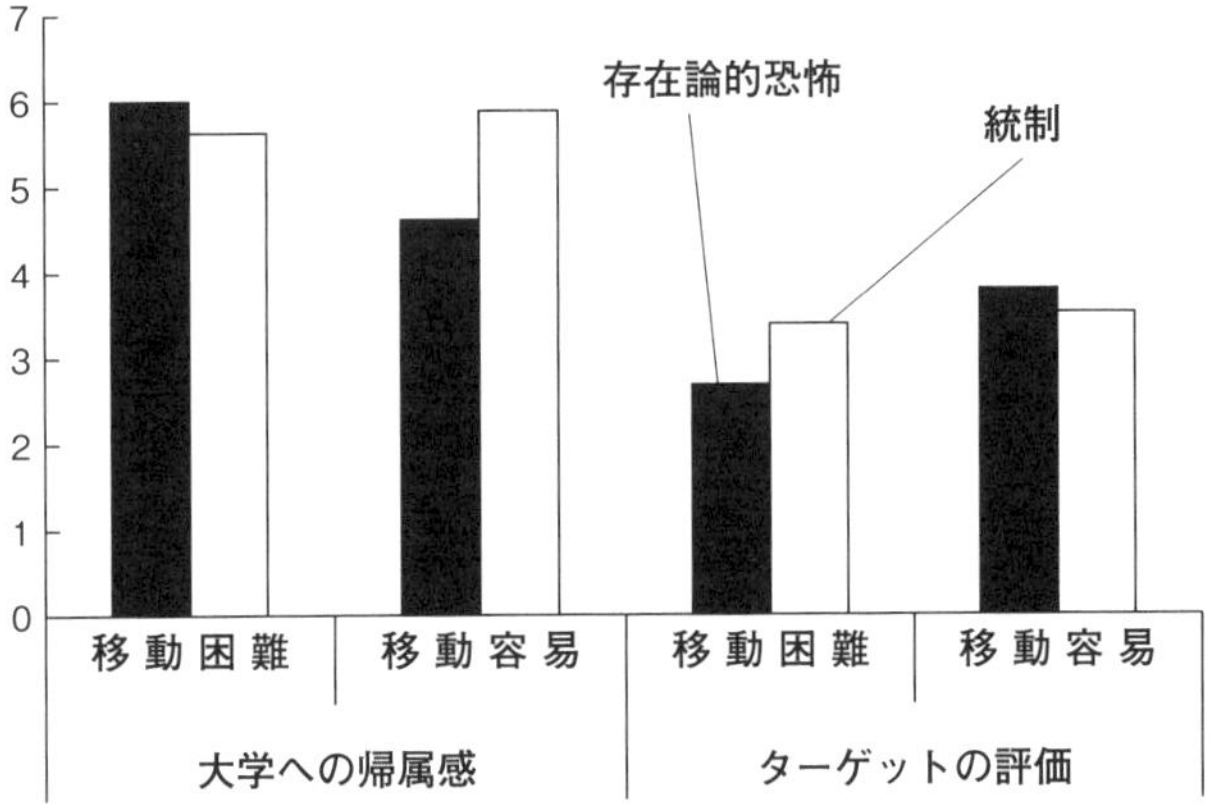

図9　存在論的恐怖と移動可能性のプライムが大学への帰属感，批判ターゲットの評価に及ぼす影響
（ディシェーヌ，ヤンセンら，2000，研究2）

の詳細なプロセスの検討に貢献するものです。

第2章では、自尊感情に関する研究を紹介してきました。自尊感情が高い状態にある場合、あるいは特性的に高い人は、死の不安を感じにくいという結果が示されていました。これは、自尊感情が、存在論的恐怖を和らげる効果を持つという主張を支持する知見です。

また、存在論的恐怖について考えた後では、人は自己に関わる認知や判断を肯定的な方向に変化させることが複数の研究で示されていました。存在論的恐怖の影響が及ぶのは、そのような直接的な方法だけではありません。所属集団との関わり方を変化させることで、その集団の望ましさを自分に反映させたり、逆に望ましくなさを自分から切り離したりする間接的な自尊感情獲得反応にもその影響は及びます。存在論的恐怖は、さまざまな自己高揚行動を生じさせる要因なのです。

第2章では、自尊感情そのものに焦点を当てました。しかし、第1章で論じたように、自尊感情を得るには、「自分がある基準で望ましい」ということだけではなく、「望ましさの基準」を与える文化的世界観そのものへの信頼も必要でした。第3章では、この文化的世界観への信頼や防衛に関わる行動に、存在論的恐怖がどのような影響を与えるかについて、詳しく論じます。

3・自尊感情の基盤を守る
——文化的世界観の防衛

世界中にはさまざまに異なる文化が存在しています。自分の文化とは異なる生活や建築の様式、ものの考え方やしきたりにふれることは、知的好奇心を満たす素晴らしい経験です。海外旅行や留学でそのような違いを楽しむ経験をしたことのある人も多いことでしょう。一方で、そのような違いが嫌悪や攻撃の対象になるような事件が頻繁に生じます。いじめやヘイトクライム（外集団の成員に対する憎悪による犯罪）、さらには集団同士の葛藤や紛争は、文化の差異に対する人間の反応の暗黒面です。

理性に基づいて考えるならば、文化の多様性は尊重すべき事柄ですし、自分と異なる文化的世界観を受け入れずとも、互いに干渉せずに平和に共存することができるはずです。しかし、なぜ人は得てしてそうすることができないのでしょうか。存在脅威管理理論は、この点について興味深い説明を提供します。

●文化的世界観の妥当性をいかに守るか？

文化的世界観の維持・防衛と集団間葛藤の関係を理解するにはまず、文化的世界観を守るとはどのようなことかについて考えなければなりません。文化的世界観を守る一つの方法は、自分自身が文化内で共有された世界観に従って生き、その中でのルールや決まりごとを破らないようにすることです。そうしている範囲では、とくに世界観防衛が問題となることはありません。これは主に、ある一つの文化内だけを考えた場合に当てはまります。

一方、先述のように世界を見渡せばさまざまな文化があり、世界観も実に多様です。そして、どの文化の世界観がもっとも道徳的だとか、優れているだとかいったことは客観的には決めようがありません。そのような世界の中で、「自分たちの文化の世界観が正しい」と信じるためには何が必要でしょうか。それは、より多くの人が自分たちと同じ世界観を支持しているということです。いわゆる多数決のようなものですが、社会心理学の専門用語ではこれを「合意的妥当化」と言います。この合意的妥当化を求める心理は、さまざまな問題に結びつきます。

●外集団排斥

まず、合意的妥当化によって文化的世界観を守ろうとするときに問題となるのは、異なる価値観を持つ人たちの存在です。異なる価値観を持つ人たちは、とくに攻撃したり批判したりしてこなくとも、ただ存在するだけで文化的世界観の妥当性に対する脅威になってしまうからです（グリーンバーグら 一九八六）。そのため、ある文化的世界観を信じている人々は時に、その考えを他の集団に平和的に広めようとしたり（宗教の布教活動や政治の演説などはこの例と考えられるでしょう）、時には暴力によって攻撃したり、極端な場合には滅ぼしてしまったりすることがあります。このようにして、文化的世界観の防衛反応は集団同士の葛藤に結びついてしまいます。先述のとおり、集団間の葛藤は実際の資源上の対立がない場合にも起こることが知られていますが、その原因の一つは、文化的世界観の防衛という点から考えることができるのです。

存在脅威管理理論に基づく研究では、外集団排斥について検討が盛んに行われてきました。初期の研究で代表的なものは、グリーンバーグら（一九九〇）です。彼らは、キリスト教徒の実験参加者を対象に、キリスト教徒ターゲットとユダヤ教徒ターゲットの印象評

表3　実験条件ごとのキリスト教徒，ユダヤ教徒の印象評定（グリーンバーグら，1990，表1より抜粋）

	存在論的恐怖	統制条件
キリスト教徒	30.25	27.73
ユダヤ教徒	26.46	28.86

得点範囲は6～42。

定を行わせました。存在論的恐怖条件では、統制条件（何の操作も行われなかった条件）と比較して、内集団であるキリスト教徒ターゲットはより肯定的に、外集団であるユダヤ教徒ターゲットは否定的に評価されていました（表3）。また、キリスト教徒がユダヤ教徒よりも肯定的に評価されていたのは、存在論的恐怖条件においてのみでした。

グリーンバーグらが検討したのは心理的レベルの反応です。さらに、行動レベルでの存在論的恐怖の影響を検討したのが、マクレガーら（一九九八、研究1）です。彼らは辛口ソースパラダイムというユニークな方法を用いて、文化的世界観を脅かす他者（参加者の政治的立場を批判するエッセイの筆者）と脅かさない他者（参加者と反対の政治的立場を批判するエッセイの筆者）への攻撃行動を測定しました。このパラダイムは、ターゲットである他者に飲ませるスープに、チリソースのような辛いソースを好きなだけ入れさせる、というものです（なお、参加者には、ターゲット人物は辛いものが嫌いであることが事前に伝えられていました）。この方法は、相手に与える被害が想像できるという点で、より現実に近い形で攻撃行動を測定できると考えられています（リバーマンら 一九九九）。実験の結果、存在論的恐怖条件では、次の重要な試験について考える条件よりも、入れる辛口ソースの量が多いことが示されました。世界観を脅かさないターゲットについては、このような効果はみられませんでした。これは、存在論的恐怖が行動のレベルでも外集団排斥に影響を及ぼすことを示した重要な知見です。

●ステレオタイプに囚われた判断

異なる集団のメンバー同士が関わるとき、しばしば問題になるのがステレオタイプ（stereotype）です。ステレオタイプとは、ある社会的カテゴリのメンバーが共通して持っている特徴に関する固定化された信念や思い込みです。たとえば日本人は勤勉である、というのはその例です。心理的特性に関して言えば、集団成員全員が同じ特徴を持つことはあり得ない（先ほどの例で言えば日本人の全員が勤勉であるはずはありません）ので、ステレオタイプは不正確な対人認知をもたらします。そればかりでなく、ステレオタイプは偏見や差別につながってしまうことがしばしばあり、またステレオタイプをあてはめられること（ステレオタイプ化されること）は、心理的苦痛を与えます。

しかしながら、ステレオタイプは文化的世界観の一部としての側面を持っています。そのため、存在論的恐怖を感じる状況で、人はステレオタイプを強めたり、ステレオタイプを維持する反応を示したりしてしまいます。シメルら（一九九九）は、存在論的恐怖を考える条件で、統制条件よりも、アメリカ人大学生がドイツ人に対するステレオタイプを強く示すことを明らかにしました（研究1）。さらに、研究3では、白人大学生に、ステレオタイプに一致する黒人大学生ターゲットと一致しない黒人大学生ターゲットの好悪を尋ねる実験を行いました。ステレオタイプの一致、不一致はターゲットの服装とその人物の夏休み中の活動に関するエッセイの内容で操作されました。一致条件ではターゲットはラフな格好（バスケットボールチームのTシャツを着てサングラスをかけ、野球帽のツバを後ろにしてかぶる等）で、クラブやバスケットボール、喧嘩の話がエッセイに書かれていました。一方、不一致条件ではコンサバな格好（Yシャツにネクタイと黒縁眼鏡等）をしており、休暇中に夏期講習を受け、ソフトウェア会社で仕事をしたことが書かれていました。なお、比較のための中性条件のエッセイでは、ターゲットは普通の大学生に典型的な服装をしていて、人種にとくに関係するとは思われない活動をしていたことが描かれてい

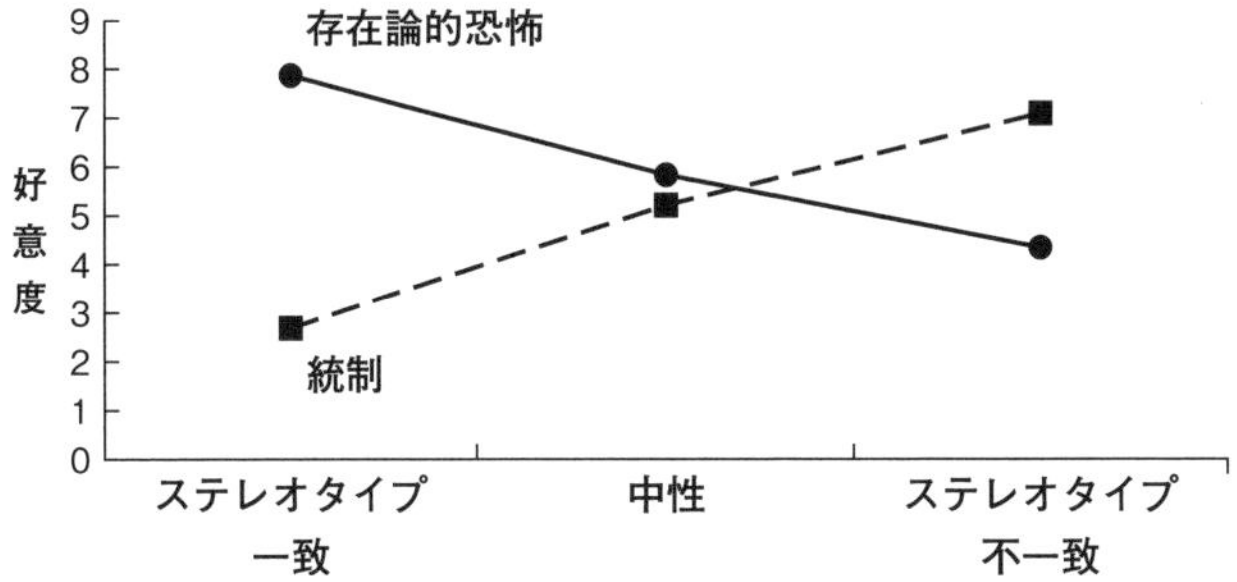

図10　条件ごとのステレオタイプ一致・不一致黒人ターゲットへの評価（シメルら，1999，研究3より作成）

ました。この実験の結果を図10に示します。図から明らかなように、ステレオタイプ一致ターゲットは存在論的恐怖条件でより好意的に評価されており、対照的に不一致ターゲットは非好意的に評価されていました。ステレオタイプに一致する人物は、文化的世界観が妥当であるという信念を補強してくれる存在です。そのため、存在論的恐怖によって文化的世界観を信頼する必要が高まると、そのような人への選好が高まるのだと考えられます。

シメルらが検討しているのは、本人が主観的に意識できる顕在的ステレオタイプです。一方、近年は心的活動の非意識的過程に関する研究の進展に伴って、本人が意識化することが困難な潜在的ステレオタイプが注目されています。顕在的なステレオタイプは社会的に望ましくないため表出されにくいのに対し、潜在的ステレオタイプは意識化されにくいために、制御が難しいものです。それゆえ、そのプロセスを理解し、影響を防ぐ手立てを考えることは現代の社会心理学にとって喫緊の課題です。

潜在的ステレオタイプは、記憶の中で集団に関する概念と特性に関する概念が結びついている状態（認知的連合）として表現することができます。野寺ら（二〇〇七）は、この認知的連合を測定するパラダイムの一つである潜在連合テスト（implicit association test、以下IAT。グリーンワルドら 一九九八）を用いて、存在論的恐怖がジェンダーステレオタイプ（性別に基づく社会的役割に関するステレオタイプ）に及ぼす影響を検討しています。IATは、コンピュータ画面上に呈示された刺激（単語や写真）をカテゴリに弁別してキー押しをする課題です。そして、単語呈示からキー押しをするまでの時間（反応潜時）を記録します。この反応潜時を元に概念の認知的連合の強さを指標化します。野寺らの実験では図11のように、男性–女性に関連する単語の分類と、仕事–家庭関連の単語の分類を行わせています。そして、同じキーに男性と仕事や女性と家庭といった、ステレオタイプに一致する単語のペアが割り当てられる課題（一致課題）と、それとは逆に男性と家庭、女性と仕事というステレオタイプに反する組合せが同じキーに割り当てられる課題（不一致課題）が出されます。ステレオタイプは、それに一致するような情報処理を促進

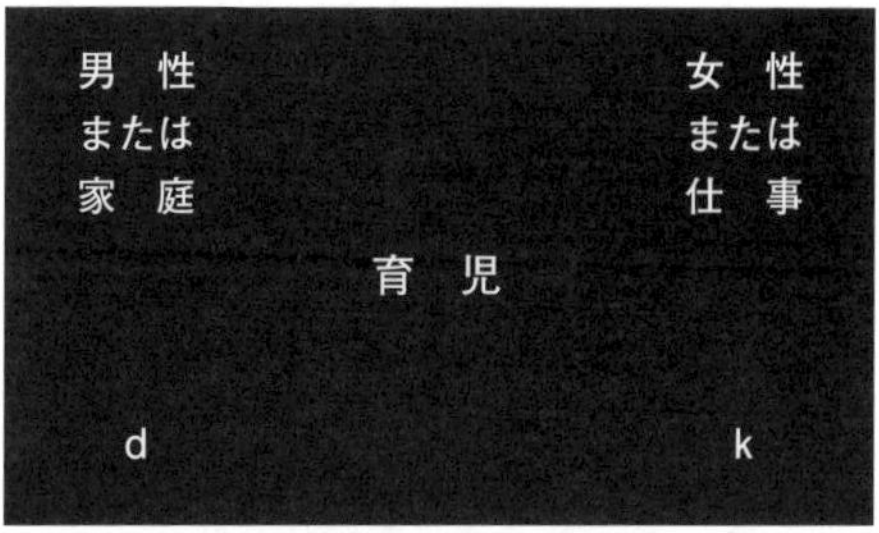

図 11　不一致課題 IAT の画面イメージ
中央に呈示された単語が男性，または家庭ならばキーボードの d を，女性または仕事であればｋを押す。

する作用を持つので、ジェンダーステレオタイプを強く持つ人ほど、不一致課題と一致課題の反応潜時の差が大きくなる（一致課題の反応潜時間が相対的に短くなる）と考えられます。したがって、不一致課題の反応潜時から一致課題の反応潜時を引き算した指標（ＩＡＴ量と言います）で、潜在的ステレオタイプの強さを指標化することができます。野寺らの研究では、存在論的恐怖について考える条件（二四六ミリ秒）で、食生活に関する質問に回答する統制条件（一七五ミリ秒）よりも、ＩＡＴ量が大きくなるという結果が得られました。つまり、存在論的恐怖が潜在的ステレオタイプを強めていたのです。

　ステレオタイプ解消のための試みが行われる一方で、ステレオタイプが相当に変容しにくいものであることも広く認識されています。シメルや野寺らの研究は、ステレオタイプがしぶとく残ってしまう背景に存在論的恐怖の影響が存在することを示唆しています。

●差別主義者への共感

ステレオタイプ自体も大きな社会問題ですが、行動レベルでの差別はより深刻な問題です。差別について扱い、現実の社会的問題に対する重要な示唆を与えているのはグリーンバーグら（二〇〇一）による研究です。彼らは民族的プライドに着目しました。アメリカにおいて、白人が民族的なプライドを公言することは、他の人種に対する優越感の表明とみなされ、差別的な行為であると受けとられます。一方、マイノリティである有色人種の民族的プライドは、民族性の自己肯定として好意的に解釈されます。グリーンバーグらは、このような民族的プライドの認知に、存在論的恐怖が与える影響を検討しました。なお、実験参加者はすべて白人大学生でした。歯科不安条件では、白人であることを誇るエッセイを書いた白人（白人プライド条件）は、黒人を誇るエッセイを書いた黒人（黒人プライド条件）よりも差別的だと評価されていました（図12）。しかしながら、存在論的恐怖条件では、両者の評価に統計的に有意な差はありませんでした。また、白人プライド条件の

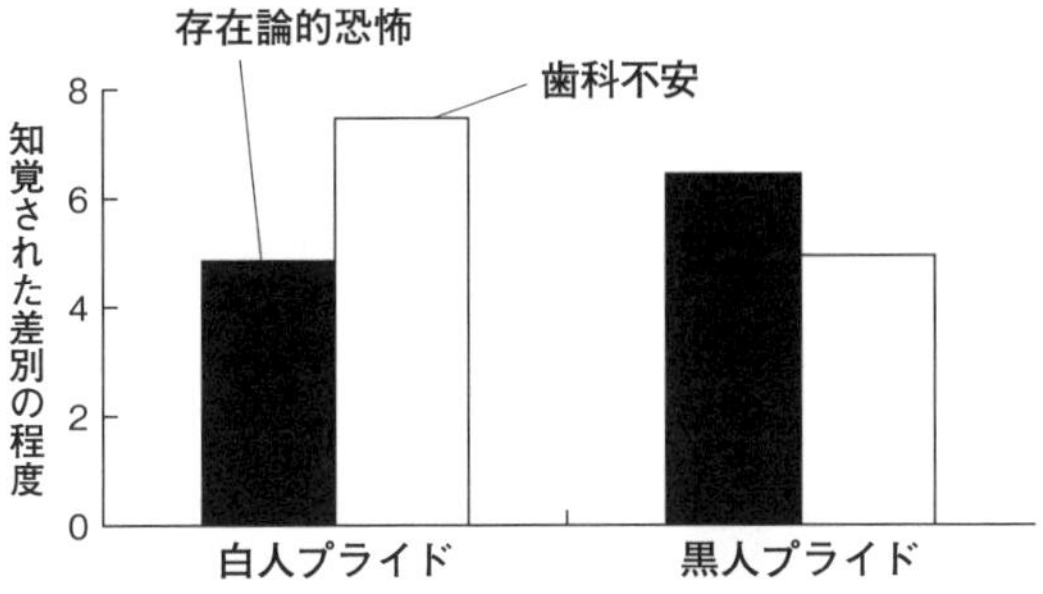

図12　条件ごとの知覚された差別得点
（グリーンバーグら，2001，研究2）

評価のみに注目すると、存在論的恐怖条件では、歯科不安条件よりも差別的でないと評価されていました。

彼らはさらに、雇用で人種差別を行った白人と黒人に対する反応も検討しています（図13）。黒人に対する差別を行った白人は、存在論的恐怖条件で歯科不安条件よりも差別的でないと評価されていました。対照的に、白人に対する差別を行った黒人は、存在論的恐怖条件で歯科不安条件よりも差別的であると評価されていました。さらに、存在論的恐怖条件のみでみると、白人ターゲットが黒人ターゲットよりも差別的でないと評価されていました。歯科不安条件の結果は、通常は差別的な反応は制御され、抑制されていることを示しています。その抑制されているステレオタイプや差別が、存在論的恐怖

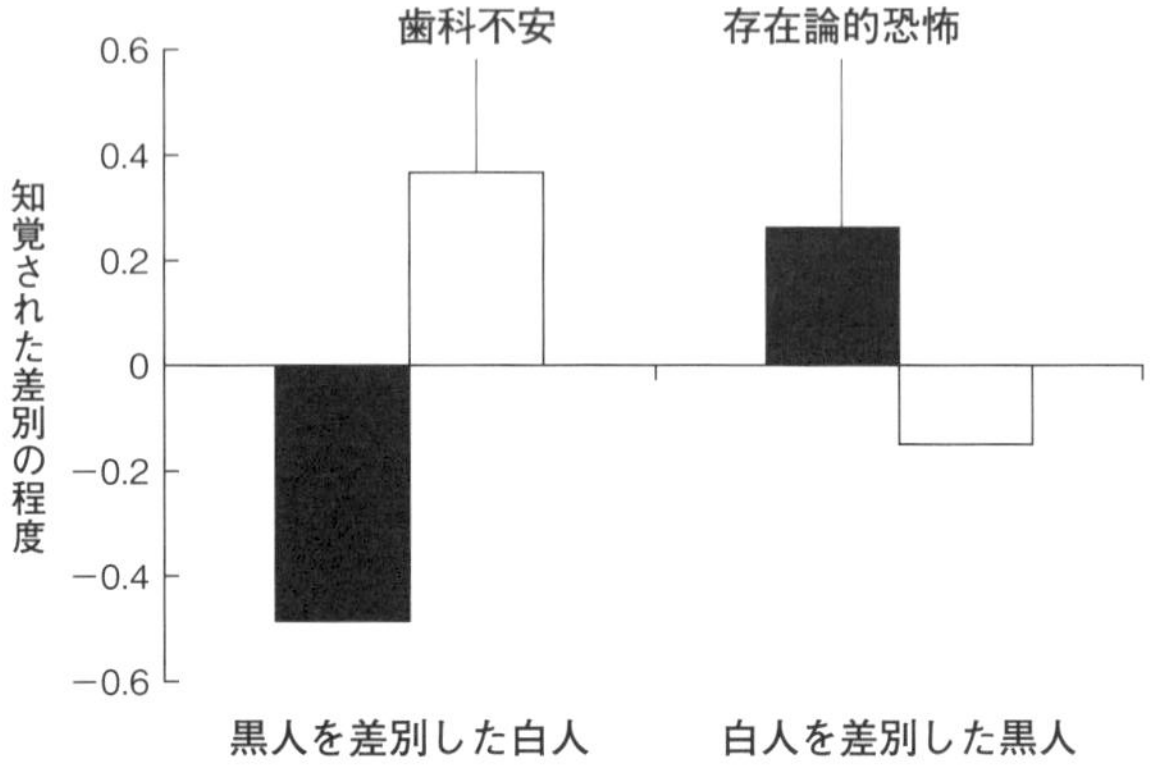

図 13　条件ごとの知覚された差別得点
（グリーンバーグら，2001，研究 3）

が顕現化する状況では表出されてしまうのです。

このように、存在論的恐怖は、差別的反応を惹起する負の側面を持っています。換言すれば、存在論的恐怖がステレオタイプや差別の維持に寄与してしまうということです。このような否定的な影響をどのようにすれば低減できるかは、存在脅威管理理論研究の重要な課題です。それに関する取組みは第8章で紹介します。

●規範遵守・逸脱に関わる反応

本章の序盤で、外集団の成員は存在すること自体が文化的世界観の妥当性に対する脅威になる、と述べました。しかし、自分と同じ集団の成員（内集団成員）であっても、同様に妥当性の脅威になることがあります。それは、その内集団成員が集団の世界観に疑問を抱いていたり、実際にそれから逸脱した行動をしたりする場合です。したがって、存在論的恐怖は、そのような逸脱的な内集団成員への態度にも影響を及ぼします。

ローゼンブラットら（一九八九）は、アメリカ人の都市判事を対象にし、規範逸脱者に対する反応を検討した実験を行っています（実験1）。この実験で取り上げられた逸脱者は売春を行った者でした。実験参加者は、存在論的恐怖条件と統制条件（この実験では操作が行われない条件）のいずれかで、売春を行った者にいくらの罰金を課すべきだと思うか回答しました。その結果、統制条件では罰金額の平均値が五〇ドルであったのに対して、存在論的恐怖条件ではその九倍以上の四五五ドルとなっていました。さらに大学生を対象にした実験では、このような効果が、売春にもともと否定的な態度を持っている人でみられることが示されています（図14）。また、売春に肯定的な人と否定的な人の罰金額の差

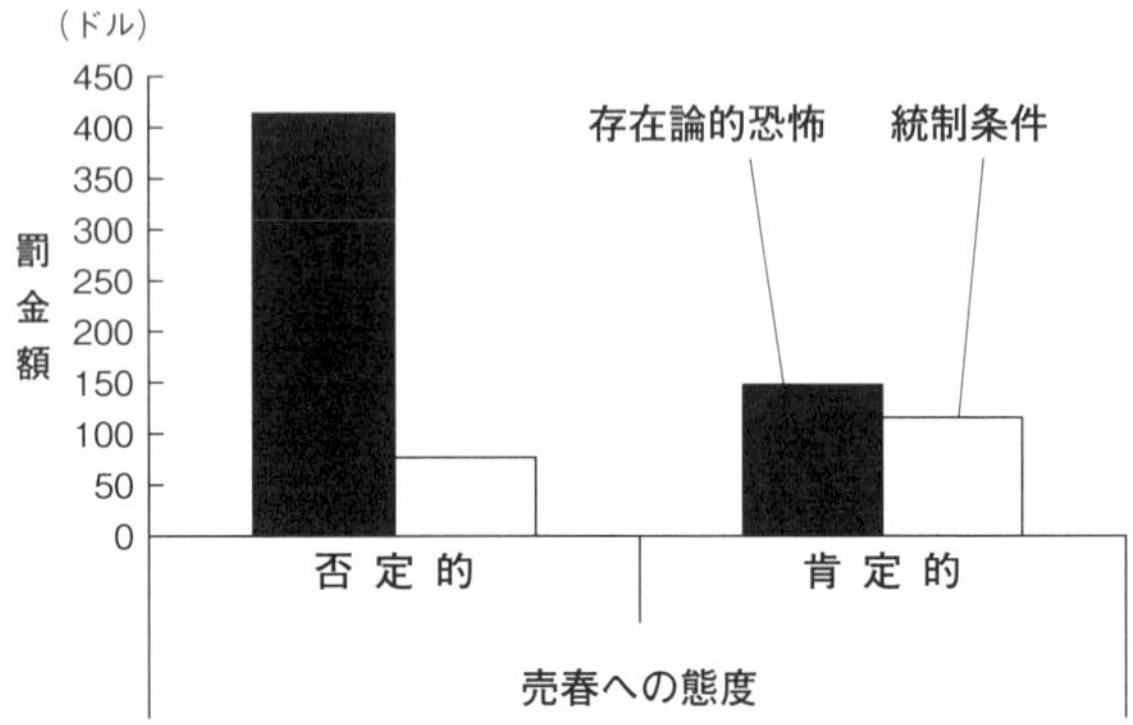

図 14　存在論的恐怖と売春への態度が罰金額に及ぼす影響
（ローゼンブラットら，1989，実験 2）

は、存在論的恐怖条件でのみみられることも読みとれます。これらの結果は、存在論的恐怖が顕現化したことによって、文化的世界観を防衛する必要が生じ、逸脱者への態度がより否定的になったことを示唆しています。

ローゼンブラットらはさらに、文化的世界観に一致するような行動を行った者（身の危険を冒して犯罪捜査に協力した者）に対して、どの程度報奨金を与えるかという検討を実験4で行っています。この実験では、文化的世界観に一致するような行動に対する報奨金の額が、存在論的恐怖条件（三四七六ドル）で統制条件（一一一二ドル）よりも高いことが示されています。文化的世界観の妥当性の

表4　文化的象徴物を不適切に用いる課題遂行に要した時間とその困難度，緊張（グリーンバーグら，1995）

	存在論的恐怖	統制
課題に費やした時間		
星条旗・十字架	328.59	191.04
白い布・木片	110.09	97.22
課題の困難度の評定		
星条旗・十字架	4.46	2.08
白い布・木片	1.73	1.50
緊張の評定		
星条旗・十字架	5.36	2.15
白い布・木片	1.95	1.82

時間の単位は秒。困難度と緊張の得点範囲は1〜9。

証拠となるような規範遵守反応が強まることも、同じように文化的世界観の防衛から解釈することができます。

上記の知見は他者の逸脱・遵守に関する反応です。一方で、グリーンバーグ、ポルテウスら（一九九五）はアメリカ人の実験参加者自身の規範遵守行動に関する検討を行っています。彼らの実験では、実験参加者の半数は文化的なアイコン（象徴物）を、不適切な方法で使用しないと解決できない課題を行いました。具体的には十字架をハンマーの代わりに使う、星条旗で液体を濾す、という使い方です。残り半数の参加者は、星条旗の代わりに白い布、十字架の代わりに木片を使うことができました。この課題の抵抗感を行動指標（解決に要した時間）と自己報告（課題遂行の困難さと緊張）で測定した結果を表4に示しました。星条旗・十字架を使わなければならなかった参加者は、存在論的恐怖条件で統制条件（テレビ視聴について回答）よりも解決に要する時間が長く、強い抵抗感（課題の困難度や緊張）を示していました。この研究知見は、存在論的恐怖が規範からの逸脱を抑制する作用をもつことを示唆しています。

●存在論的恐怖は創造性を損なう

前節で規範遵守反応に関する研究を紹介しました。規範を守る、ということは一見無条件によいことのように思えるかもしれません。しかしながら、古いしきたりや作法、価値観から離れる——つまりは創造的である——ことは、社会や科学、芸術が進歩する上で欠かせないことです。もし存在論的恐怖が規範順守を動機づけるのであれば、それは創造性を損なうような形の影響を与える側面を持つのかもしれません。

創造性に関してこのような主張を行い、実際に存在論的恐怖の影響を検討したのがアントら（一九九九）です。彼らは、存在論的恐怖条件と歯科不安条件に参加者を割り当て、

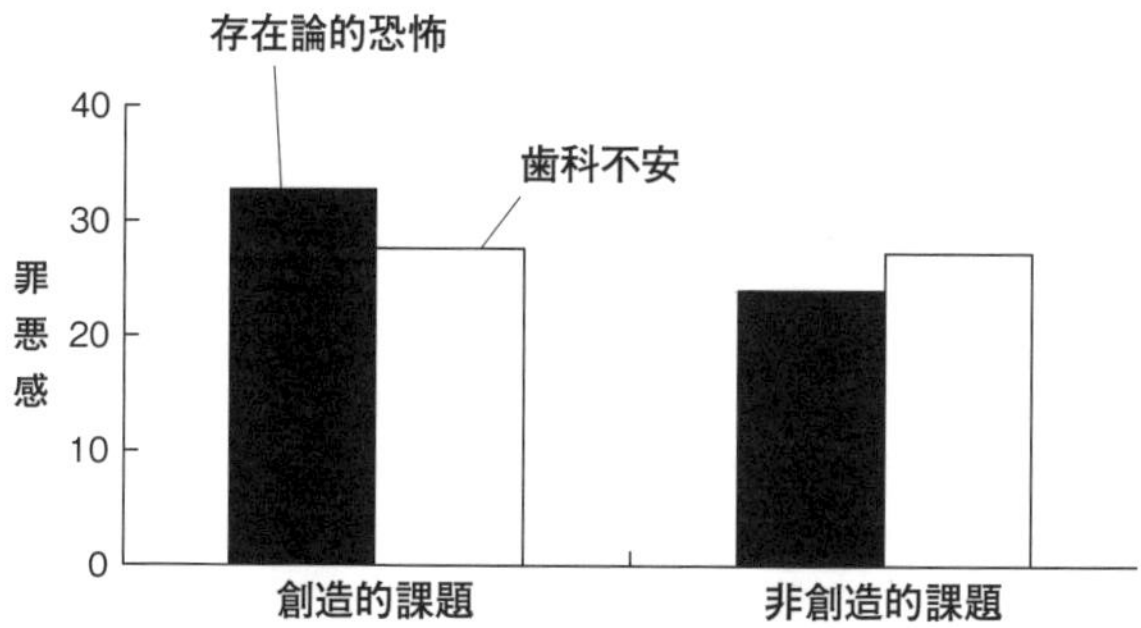

図 15　存在論的恐怖と課題の創造性が罪悪感に及ぼす影響
（アントら，1999，研究 1）

その後創造的な課題もしくは非創造的な課題を行わせました。すると、創造的な課題を行った参加者では、歯科不安条件よりも存在論的恐怖条件で罪悪感が強くなっていました（研究1、図15）。さらに、同じ条件で社会的投影（自己と他の人々の態度、行動が類似していると考えること）の程度がもっとも強いことも示されました（研究3）。罪悪感が高まるのは、存在論的恐怖によって世界観に適合する必要が高まっているのに、創造的課題を行ってむしろそこから逸脱してしまったためと考えられます。また、社会的投影の程度が強くなっていることから、創造性による逸脱を他者との類似性の強調によって埋め合わせようとする反応が生じていたのだと解釈できます。

創造性は、科学的な発見や社会的な問題の解決などに寄与する、非常に重要な特性です。しかし、創造的課題に取り組むことが罪悪感を高めてしまうとすれば、創造性の発揮が阻害されてしまうことになります。それでは、どうすれば、創造的課題に取り組んでも、罪悪感を抱かないようにできるのでしょうか。

アントら（二〇〇五）は、先ほど紹介した、社会的投影の知見を踏まえた方法でこの影響を抑制できることを示しています。彼らは、存在論的恐怖が顕現化する状況での創造性の発揮が、逸脱を含意することで罪悪感を喚起するのならば、他者や価値基準と自己のつながりの強さを意識させれば、それが消えるのではないかと考えました。具体的には彼らは、参加者に性格に関する質問に回答させ、回答内容とは関係なく偽のフィードバックを与えることで、この点を操作しました。半数の参加者には、「独立的であろうとしてもうまくいかない、十分な証拠もないのに他者に合わせてしまう、所属集団の意見に合わせてしまう」といった、他者に同調してしまう性格であるという結果を伝え（同調フィードバック条件）、残り半数の参加者にはこの次元に関して中性的な性格であるという結果を伝えました（中性フィードバック条件）。参加者はその上でアントら（一九九九、研究1）と同じ手続きで存在論的恐怖の操作を受け、その後に創造的課題もしくは非創造的課題を行いました。

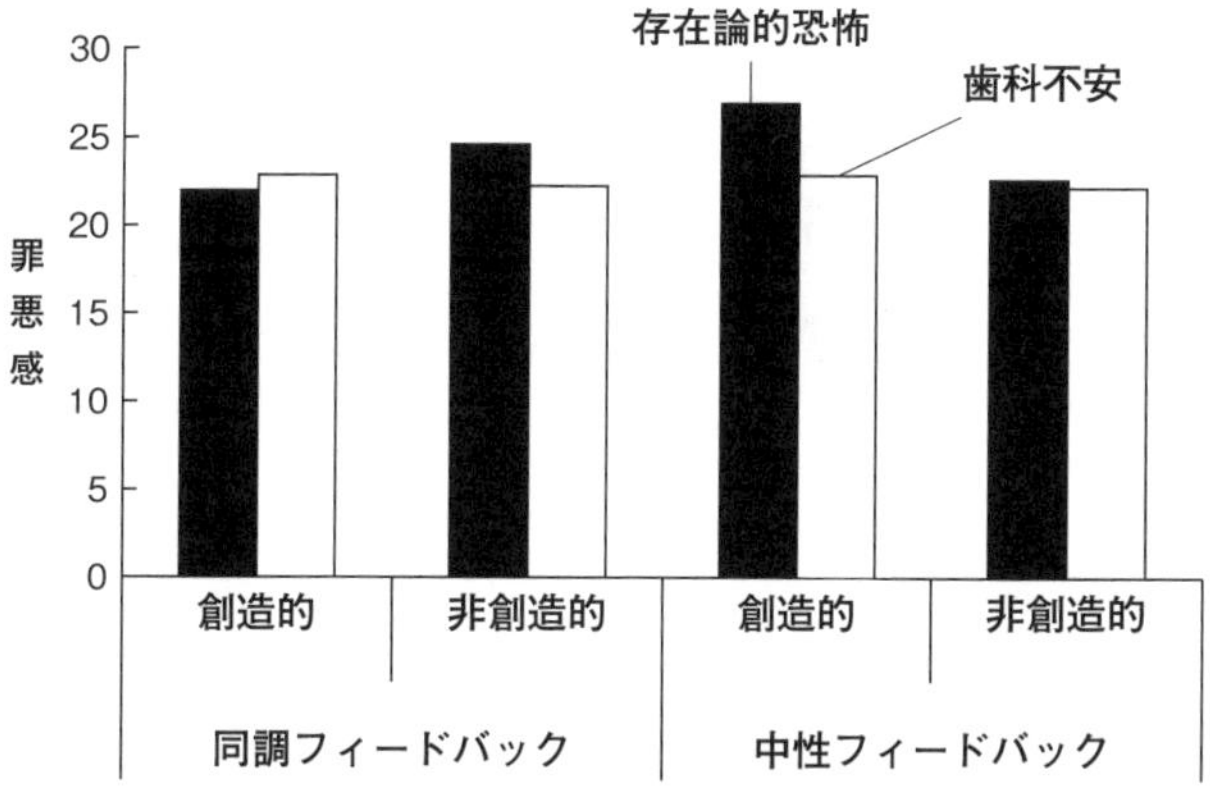

図16　課題の創造性と性格フィードバック，存在論的恐怖が罪悪感に及ぼす影響（アントら，2005，研究1）

この結果を図16に示しました。中性フィードバック条件では、アントら（一九九九）と同じように、創造的課題に取り組んだ場合、歯科不安条件よりも存在論的恐怖条件で罪悪感が強くなっていました。一方で、同調フィードバック条件では、このような傾向がみられませんでした。

彼らはさらに、研究2で、同様の操作が課題への肯定的な取組み（肯定的感情、活力、創造的な問題解決を尋ねる質問紙から作成した合成変数）に及ぼす影響を検討しました。研究2では、他者とのつながりは、「自分では重要だと思っていないが、他者が重要だと思っているので取り組んでいる目標」

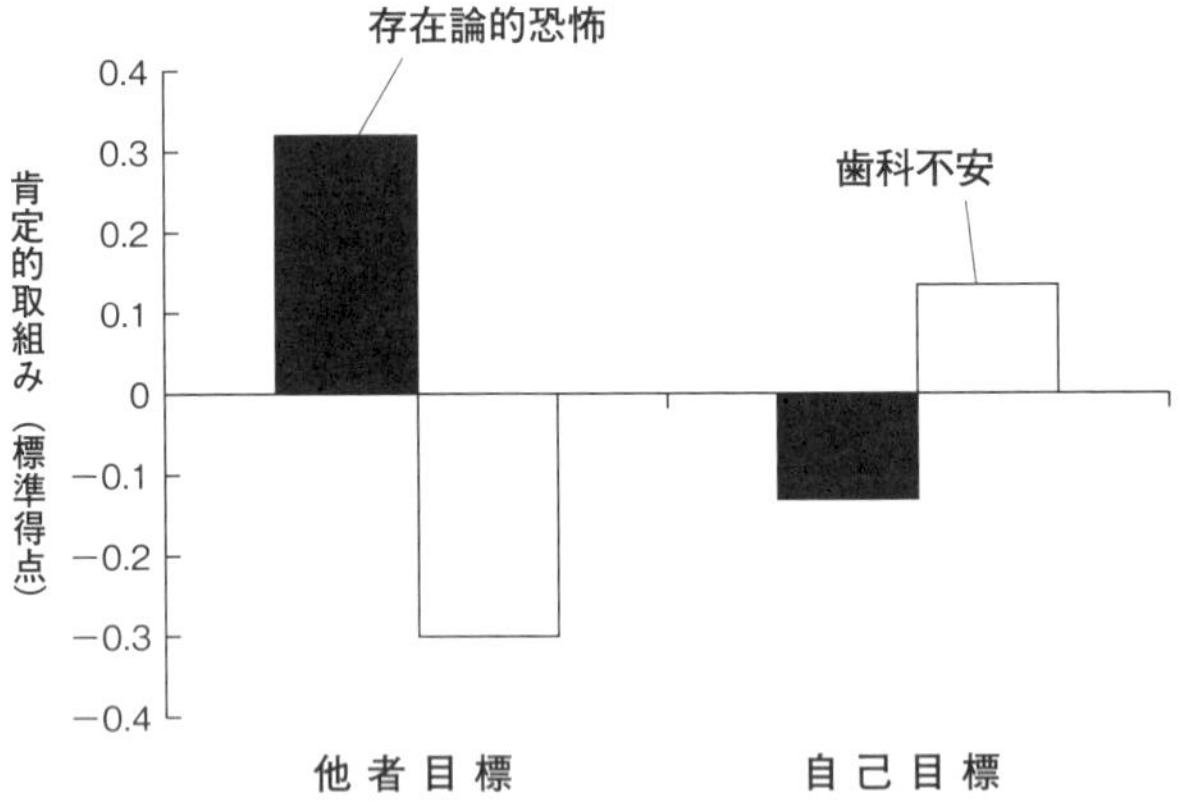

図 17　存在論的恐怖の操作と目標の操作が課題への肯定的取組みに及ぼす影響（アントら，2005，研究 2）

（他者目標条件。他者とのつながりを強調）もしくは「他者に重視されないかどうかに関係なく、自分が重要だと思っているから取り組んでいる目標」（自己目標条件）について考えさせることで操作しました。参加者は目標の操作を受けた後、創造的な課題に取り組みました。

実験結果を図17に示しました。存在論的恐怖と他者目標の組合せで、課題に対する肯定的な取組みがもっとも強くなっていました。アントら（二〇〇五）の研究結果は、他者とのつながりの強調が、創造性を発揮することの罪悪感を低減し、さらにより肯定的な取組みを促すことを示しています。他者に同調してしまうという、一見すれば否定的なあり方が、創造性の発揮に貢献するという結果を示していることは興味深い点です。

●文化的世界観でのCAB仮説の検証

ここまで、存在論的恐怖が意識されると、文化的世界観を攻撃したり、そこから逸脱した他者に対してより否定的な態度をとったりするようになる、また世界観から逸脱した行動をとりにくくなる、という研究知見を紹介してきました。これらは第1章で紹介した、存在脅威顕現化仮説（MS仮説）を支持する結果です。

存在脅威管理理論には、他にもう一つ、文化的不安緩衝装置が強化されているとき、人は存在論的恐怖を感じにくく、逆にそれらが弱体化しているときには存在論的恐怖を強く感じる」という文化的不安緩衝装置仮説（CAB仮説）がありました。文化的不安緩衝装置のおかげで普段は死について考えずにすんでいるが、それがうまく機能しないと、死関連思考が思い浮かびやすくなってしまう、というものです（なお、ある思考が意識に浮かびやすくなっている程度のことを接近可能性と言います）。最後に、この仮説を検証したシメルら（二〇〇七）の研究を紹介しましょう。

彼らの実験では、まず、カナダ人の実験参加者が、アメリカの視点から書かれたカナダのさまざまな点（有名な食品やスポーツ、政治制度など）を批判したエッセイが掲載されたウェブサイト（反カナダ条件）、もしくはイギリスの視点からオーストラリアの同様の点を批判したエッセイが掲載されたウェブサイト（反オーストラリア条件）のいずれかを閲覧しました。文化的世界観の価値は合意的妥当化によってのみ保障されるものですから、前者はカナダ人の文化的世界観の正当性を脅かす情報ということになります。いずれかのエッセイを読んだ後に、参加者は語幹完成課題に回答しました（研究1）。語幹完成課題というのは、単語の一部の文字を呈示しておき、回答者が残りの部分に文字を入れてそれを完成させるという課題です。課題の中の複数の項目は、死に関連する単語にも、そうでない単語にもなるようなものでした。たとえば「coff □□」という問題は、死関連の「coffin」（棺）という単語にも、死と無関連の「coffee」という単語にもすることができます。頭の中に死関連の思考が浮かびやすくなっている人（接近可能性が高くなっている人）は、「coffin」のような、死に関連する意味を持つ単語を多く回答するはずです。実際に、反カナダエッセイ条件では、反オーストラリアエッセイ条件よりも死関連単語の完成数が多くなっていました。つまり、文化的世界観の妥当性が脅かされると、死関連の思考が意識に浮かびやすくなってしまうのです。

また、研究2では各条件をさらに二つに分け、「このウェブサイトはすでに削除され、著者は深い謝罪の意思を示している」という情報を与える条件（無脅威条件）とそのような情報が与えられない条件（脅威条件）を設定しました。その結果、無脅威条件では研究1のような結果がみられませんでした。無脅威条件では、著者が過ちを認めたことで反カナダエッセイの内容が妥当でないと参加者が信じることができるので、死関連思考の接近可能性が高まらないのだと考えられます。

さらに研究3では、死関連単語の接近可能性の測定に、語彙判断課題を用いて検討を行っています。語彙判断課題は、コンピュータに呈示される文字の語彙を考え、分かったらボタンを押す、という課題です。単語が呈示されてからボタンを押すまでの反応潜時を記録します。ある単語が呈示されるとき、頭の中で意味の近い概念が活性化していれば、反応潜時は短くなると考えられます。語彙判断課題は、語幹完成課題よりも精緻に接近可能性を測定することができる方法です。

研究3では研究1と同じエッセイを読ませた後、語彙判断課題で死、死以外の否定的な意味の語、中性的な意味の語の反応潜時を計測しました。結果を表5に示します。値が小さいほど、関連する思考が頭の中で活性化していたことを意味します。反カナダエッセイ・死関連単語条件は、他の条件よりも反応潜時が短くなっていました。これは、反カナ

表5　エッセイ条件ごとの死関連語，否定語，中性語の反応潜時（シメルら，2007，研究3）

	死関連語	否定語	中性語
反カナダ	548.3	584.0	578.5
反オーストラリア	663.0	652.3	640.1

単位はミリ秒。

ダエッセイを読むことによって、死関連思考が活性化していたことを示しています。また、死以外の否定語や中性語ではエッセイ条件間に統計的に有意な差はありませんでした。このことは、文化的世界観が死関連思考を特定的に抑える働きがあることを示唆しています。

第3章では、存在論的恐怖が文化的世界観に関わる反応に及ぼす影響について見てきました。文化的世界観の正当性や優劣は客観的に決めることができません。世界観を正当だと思うためには、それが他の多くの人にも支持されているということに頼るほかないということです。そのため、存在論的恐怖によって文化的世界観を防衛する必要が高まると、外集団への否定的反応が生じます。異なる世界観を信じる人々の存在は、世界観の正当性を揺るがす脅威となるからです。このような否定的反応は、ステレオタイプや偏見、差別など多様な形をとります。異なる集団同士の諍いや争いが絶えないのは、現実的な資源の対立ばかりではなく、人間の根源的な不安である存在論的恐怖が理由となっている側面もあるのです。

第2章と第3章では、存在論的恐怖が自尊感情の高揚・維持・防衛、さらには自尊感情の基盤である文化的世界観の防衛や支持を強めることを示しました。次章では、このような現象のレベルから話を一歩進めて、存在論的恐怖に対する反応が、一体どのような認知プロセスを経て生じるのかということについて論じていきます。次章で紹介する認知プロセスの研究は、存在論的恐怖に対する防衛のあり方について重要な知見をもたらし、また研究のパラダイムにも大きな影響を与えた重要なものです。

4・存在論的恐怖に対する防衛の認知プロセスモデル

第4章では、存在論的恐怖に関わる情報がどのように処理され、防衛反応がどのように生じるのかという認知プロセスに関する話をしていきます。防衛反応の認知プロセスが検討されるきっかけになったのは、存在論的恐怖に関する二つの知見でした。まずはこの二つの知見に関わる研究の展開について説明します。

●存在論的恐怖の操作は主観的な不快感情を強めない

認知プロセス研究の端緒となった知見の一つ目は、存在論的恐怖を顕現化させる操作は、意識的な不快感情を強めないというものです。

存在脅威管理理論に基づく初期の研究に対しては、「自尊感情希求や文化的世界観の防衛は存在論的恐怖だけではなく、他の不快感情でも生じるのではないか」という代替説明の可能性が指摘されました。存在脅威管理理論は、自尊感情や文化に関わる行動を存在論的恐怖から統一的に説明したいわけですから、他の不快感情からの代替説明には反駁しておく必要があります。

こうした代替説明を排除するために、研究者たちは実験の手続きを工夫しました。まず、存在論的恐怖の操作の後に質問紙（グリーンバーグ、サイモンら 一九九二）や顔面筋電図（アントら 二〇〇二）で感情を測定して、その上で自尊感情希求反応や文化的世界観防衛反応を測定する、という手続きが用いられました。これは存在論的恐怖について考える条件と、それ以外の条件で感情の強さが違うかどうかを確認するためのものです。このような手続きを用いた多くの実験で、存在論的恐怖は快・不快の感情に影響を与えないことが報告されています。存在論的恐怖条件とそれ以外の条件で感情には差がないのですから、自尊感情希求反応や文化的世界観防衛反応が意識的な不快感情によって生じる、という説明は合理的ではありません。

一部の研究では存在論的恐怖が感情に影響を与えていることもあります。その場合、分析段階で統計的な手法を使うことで、感情の影響を評価することができます。そして、感情の影響を統計的に除いても、存在論的恐怖の文化的世界観防衛反応への影響は消えないことが示されています（詳細についてはグリーンバーグら 一九九七参照）。このような結果もやはり、不快感情が存在論的恐怖と同様の影響を持つ、という代替説明を支持しないものです。

直接的に存在論的恐怖を考える条件と、他の不快事象を考える条件を比較する実験も行われています。第3章まででふれた研究では、抑うつ、歯科不安、試験などとの比較が行われていました。その他に、グリーンバーグ、サイモンら（一九九五）は、将来への不安との比較を行っています。さらに、ヒルシュバーガーら（二〇〇二）は身体的苦痛、シメルら（一九九九、研究4）は社会的拒絶と、実にさまざまな不快事象との比較実験が行われています。しかしながら、これらいずれの不快事象を考えさせても、存在論的恐怖を考えさせるのと同じ効果は見出されませんでした。さらに、自覚状態や生理的覚醒を高めても、やはり、存在論的恐怖と同じ効果は得られませんでした（ローゼンブラットら一九八九、実験4および5）。これらの研究知見は、自尊感情希求反応や文化的世界観防衛反応が生じるときに、不快感情そのものではなく、「死」という要素が重要であることを示唆しています。

●存在論的恐怖が強すぎると、防衛反応が生じない

もう一つ、認知プロセス研究のきっかけになった知見は、「より強い恐怖を感じさせると、防衛反応はどうなるのか」という問いから生まれました。文化的不安緩衝装置は、いわば恐怖によるダメージから私たちを守る盾のようなものです。この比喩から素朴に考えれば、恐怖が強くなるほど、より強い盾が必要であると考えられます。もしこの考えが正しければ、より強い恐怖を感じさせると、より強い防衛反応が生じるはずです。

この点について興味深い結果を報告しているのが、グリーンバーグら（一九九四、研究1）です。彼らは、通常の存在論的恐怖条件（自分の死に関する二つの自由記述の質問に簡単に答えさせる条件）の他に、自分の死について深く考えさせる条件を設定しました。ここではこれを熟考条件と呼びましょう。熟考条件では、存在論的恐怖条件と同じ二つの質問に回答した後、二つ目の質問（あなたが死ぬとき、そして死んでしまった後にはどのようなことが起こると思いますか、できるだけ具体的に書いてください）についてよく考え続け、その感情に深く入り込んでいくように教示が行われました。また、愛する人の死についても同様に、簡単に答えさせる条件と熟考させる条件を設けました。統制条件の参

表6　各条件の文化的世界観防衛反応の強さ
（グリーンバーグら，1994，研究1）

存在論的恐怖	熟　考	愛する人の死	愛する人の死熟考	統　制
12.25	6.50	7.42	8.27	1.64

得点範囲は－24から24。

加者は、テレビ視聴に関する二つの質問に回答するよう求められました。

それぞれの条件の参加者の文化的世界観防衛の得点を、表6に示しました。どの条件でも、統制条件よりも世界観防衛反応は強くなっていました。そして、一番反応が強かったのは通常の存在論的恐怖条件でした。一方、熟考条件では、通常の存在論的恐怖条件よりも、得点が低くなっていました。このことは、存在論的恐怖の強さと、それに対する防衛の強さの関係が線形的ではないことを示しています。

●自尊感情と文化的世界観が抑制するもの――死関連思考の接近可能性

先述のグリーンバーグら（一九九四）は、存在論的恐怖が主観的な不安を高めない、また死について強く考えすぎると防衛反応が弱まる、という知見から、「存在論的恐怖に対する防衛反応が生じるのに、意識的な死関連思考は必要ないのではないか」と考えました。

ここで少し人間の意識について補足をしておきましょう。人間の意識は、大きく分けて意識、無意識、前意識の三つの層に区別することができます。意識というのは、どのように情報を処理しているか自分自身で自覚できる層です。まさに自分が今考えていると思っている情報が含まれている層、と言ってよいでしょう。一方、無意識は普段私たちが意識していない情報がある層です。たとえば計算問題を解くときのルールをどのように記憶から引き出してきたか、というようなものは無意識の層で働く認知プロセスの例です（無意識と言うと精神分析を連想する人がいるかもしれませんが、ここでは神経症の原因、というような否定的な含意はありません）。詳細については本書の目的の範囲外なのでここでは割愛しますが、近年の社会心理学や認知心理学の研究では、この無意識的プロセスの果たす役割の大きさが明らかにされています。意識と無意識の間にあるのが、三つ目の前意識の層です。前意識というのは、普段は意識されていないけれども、努力すれば思い出せるようなもの、あるいは何らかの手掛かりがあると意識に上りやすい情報がある層です。

グリーンバーグらは、象徴的防衛を引き起こしているのは、意識的な死関連思考ではなく、前意識にある死関連思考なのではないか、と考え、この予測を検証する実験を行いま

表7　各条件の文化的世界観防衛反応の強さ
（グリーンバーグら，1994，研究2）

存在論的恐怖	妨害課題付加	継続思考	自由思考	統制	苦痛	試験
11.50	11.75	4.33	7.50	2.86	3.00	4.42

得点範囲は－24から24。

した（研究2）。まず、彼らは、通常の存在論的恐怖条件、存在論的恐怖の操作の後に妨害課題を行う条件、操作の後に自由に思考を書きとめる課題を行わせる条件（自由思考条件）、死について考え続ける条件（継続思考条件）を設け、文化的世界観の防衛反応が、統制条件（テレビ視聴）、他の不快事象（苦痛や試験）を考える条件とどのように異なるかを検討しました。なお、妨害課題というのは、実験参加者の注意を死関連の話題からそらすための課題、つまり意識から死関連思考を取り除き、前意識の層に送るための課題です。

この実験結果を表7に示しました。妨害課題付加条件では、通常の存在論的恐怖条件と同じ程度の防衛反応がみられました。しかし、死関連思考が意識化されている継続思考条件では、統制条件との間に統計的に有意な差はありませんでした。また死関連思考が意識にある人がある程度いると考えられる自由思考条件では、通常の存在論的恐怖条件よりも防衛反応が弱くなっていました。これらの結果は、文化的世界観の防衛反応が生じるのに、意識的な死関連思考が必要でないという主張と整合するものです。さらに、意識的な死関連思考は文化的世界観防衛反応を弱める方向に作用するという傾向もうかがうことができます。グリーンバーグらはこの結果を受けて、より直接的に前意識にある死の思考を測定する実験を行っています（研究4）。前意識にある思考というのは、接近可能性の高い思考と言い換えることもできます。もし、前意識にある死関連思考が文化的世界観の防衛反応を引き起こしているならば、文化的世界観の防衛反応が生じている条件（先ほどの実験であれば、妨害課題付加条件）で、死関連思考の接近可能性が高くなっているはずです。実際に語幹完成課題で測定した死関連思考の接近可能性は、存在論的恐怖を考えた後に妨害課題を行う条件でもっとも高くなっていました（表8）。

また、アント、グリーンバーグ、ピジンスキーら（一九九七）は死関連単語を閾下呈示する実験を行っています。閾下呈示というのは、本人がそれとは気づかないように、刺激を呈示する方法です。具体的にはごく短い時間（数十ミリ秒以下）画面に単語を表示する等の方法があります。閾下という言葉は耳慣れなくても、同じ意味の英単語「サブリミナル」という言葉を聞いたことのある人は多いのではないでしょうか。人間の感覚入力器官はとてもよくできていて、ごくわずかな時間呈示された刺激でもとらえることができます。

表8　死関連単語の完成数（グリーンバーグら，1994，研究4）

存在論的恐怖＋妨害あり	存在論的恐怖＋妨害なし	統制＋妨害あり
2.08	0.92	0.62

しかし、「それを見た」という自覚が生じるには、ある程度の時間刺激に触れることが必要です。このように、情報が入力されることと自覚が生じることは別なので、本人に気づかないように刺激の影響を与えることが可能なのです。

アントらの実験では、コンピュータを使い、死関連単語をごく短い時間呈示するという方法で存在論的恐怖の操作を行いました。そして、このような閾下の存在論的恐怖操作でも、文化的世界観防衛反応が生じることを示しました。この結果は、存在論的恐怖に対する防衛反応が生じるのに、意識的な死関連思考が必ずしも必要ないことを直接的に示す知見です。

●死を考えた直後には何が起こっているのか？

先ほどのグリーンバーグら（一九九四）の実験では、前意識にある死関連思考が文化的世界観の防衛反応を生じさせていることが示されました。実験操作では死について意識的に考えさせているわけですから、その思考が前意識の状態に変わったとき、防衛反応が生じるということです。ところで、こうした意識の変化は、どのようにして起こっているのでしょうか？

この点を検討したのが、アント、グリーンバーグ、ソロモンら（一九九七）です。アントらは、存在論的恐怖の操作と、認知的負荷の操作を組み合わせ、死関連思考の接近可能性がどのように異なるのかを検討しました。認知的負荷の操作というのは、実行するのに認知資源を大きく消費するような課題、要は考えるのが大変な認知課題です。認知的負荷をかけられた状態では、人間は他の意識的な認知操作をしっかりと行うことができません。アントらの実験では、一一桁の数字を回答用紙に書くまで、頭の中でリハーサルして覚えておくという課題が使用されました。回答用紙に書いてしまえば忘れてよいので、認知的負荷がその時点で解除されることになります。

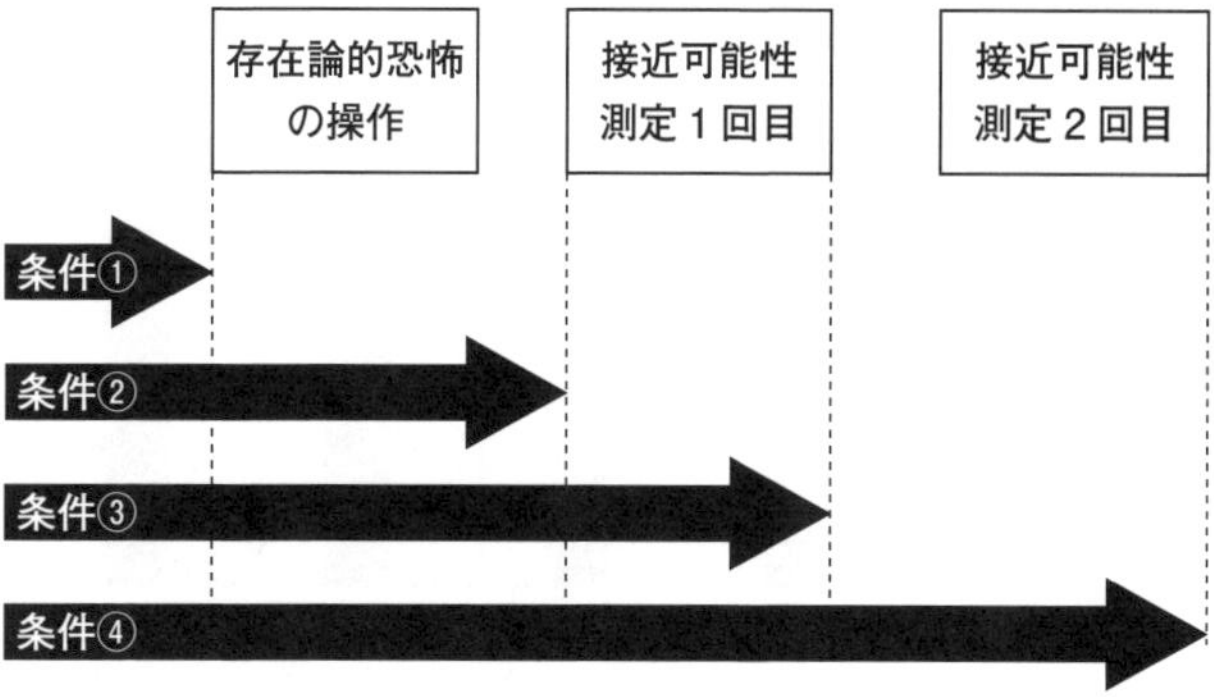

図18　アント，グリーンバーグ，ソロモンら（1997，研究1）の認知的負荷の解放タイミング
黒い矢印の間負荷がかかっている。

この実験では回答用紙が実験のどの段階で与えられるかによって、存在論的恐怖条件の中にさらに細かい条件が四つ設定されていました。この四つの条件を図18に示しました。条件①は存在論的恐怖の操作の前、条件②は一回目の接近可能性を測定する前、条件③は一回目の接近可能性の測定後、条件④は二回目の接近可能性測定の後に、それぞれ数字を回答しました。また、比較のために、認知的負荷を解除した後に試験について考える条件も設けられていました。

各条件の、二回の測定での死関連単語の完成数を図19に示しました。一回目の測定前に認知的負荷が解除されて

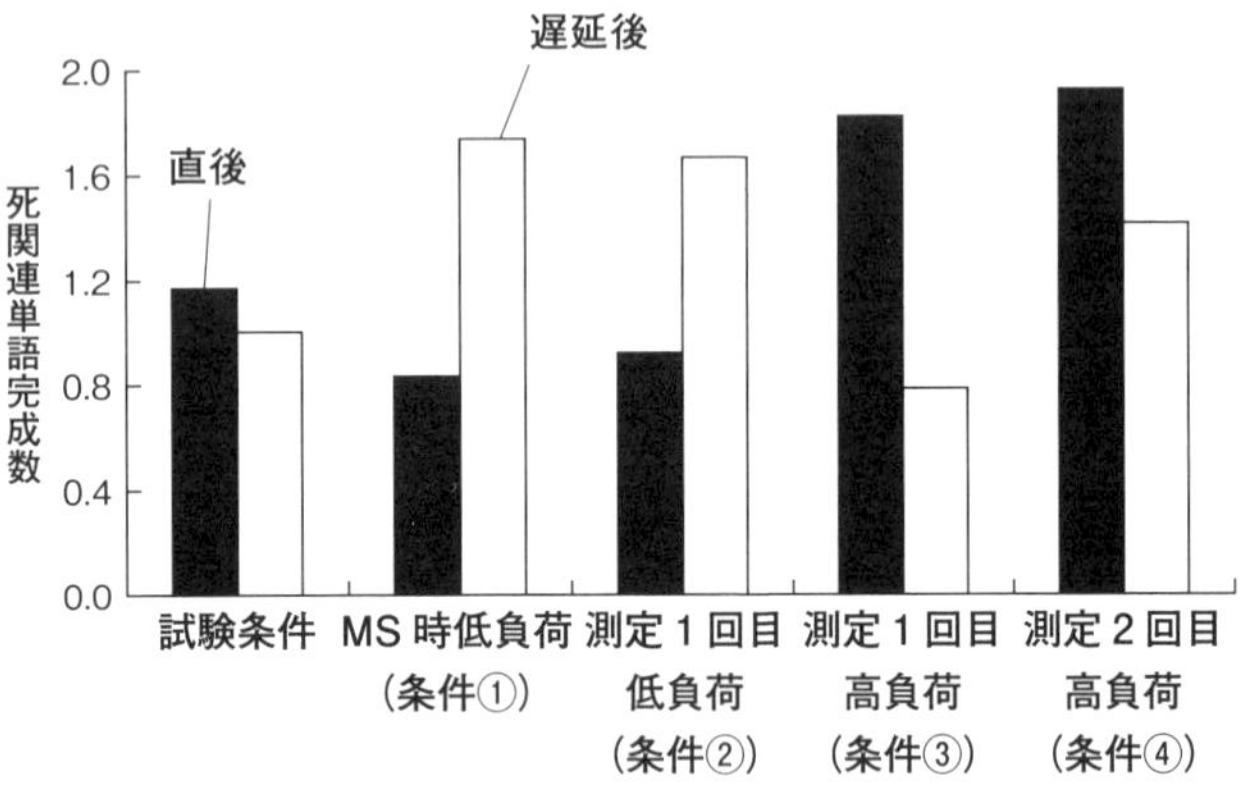

図 19　認知的負荷の解除タイミングが操作直後・遅延後の死関連単語完成数に及ぼす影響（アント，グリーンバーグ，ソロモンら，1997，研究1）

いる条件（条件①と②）では、操作直後に接近可能性は高まらず、時間をおいた二回目で死関連思考の接近可能性が高くなっています。一方、一回目の測定時点あるいは二回目の測定時点でまだ認知的負荷がかけられていた条件（条件③と④）では、操作直後の一回目で接近可能性が高くなっていました。意識的な認知操作を封じている条件で、操作直後の死関連思考の接近可能性の上昇がみられ、そうでない条件でみられないという結果は、人がそこで死関連思考の抑制を行う形の防衛を行っていることを示唆しています。さらに彼らは研究2で文化的世界観の防衛反応について検討を行い、低負荷条件では操作直後には文化的世界観の防衛反応は起こらないが、高負荷条件では存在論的恐怖の操作直後に防衛反応が起こることを示しています。そして研究3では、操作後に文化的世界間防衛の機会を与えると、死関連思考の接近可能性が低くなることを見出しました。

整理すると、彼らの研究は、まず、死について考えた直後には意識的な抑制の努力が行われていて接近可能性が低く、一定時間経過した後に接近可能性が高くなることを示しています。さらに、死関連思考の接近可能性が高くなることで文化的世界観の防衛反応が生じ、世界観防衛反応が生じることでその接近可能性が低くなるということを明らかにしています。

●防衛の二過程モデル

ここまで紹介した研究知見に基づいて、存在論的恐怖に対する防衛反応のモデルを提唱したのがピジンスキーら（一九九九）です。ピジンスキーらはまず、存在論的恐怖に対する防衛に、二つの種類があると考えました。一つは、近接的防衛（proximal defense）あるいは直接的防衛と呼ばれるものです。これは、死に関する思考を直接的に抑制する防衛

防衛の二過程モデル

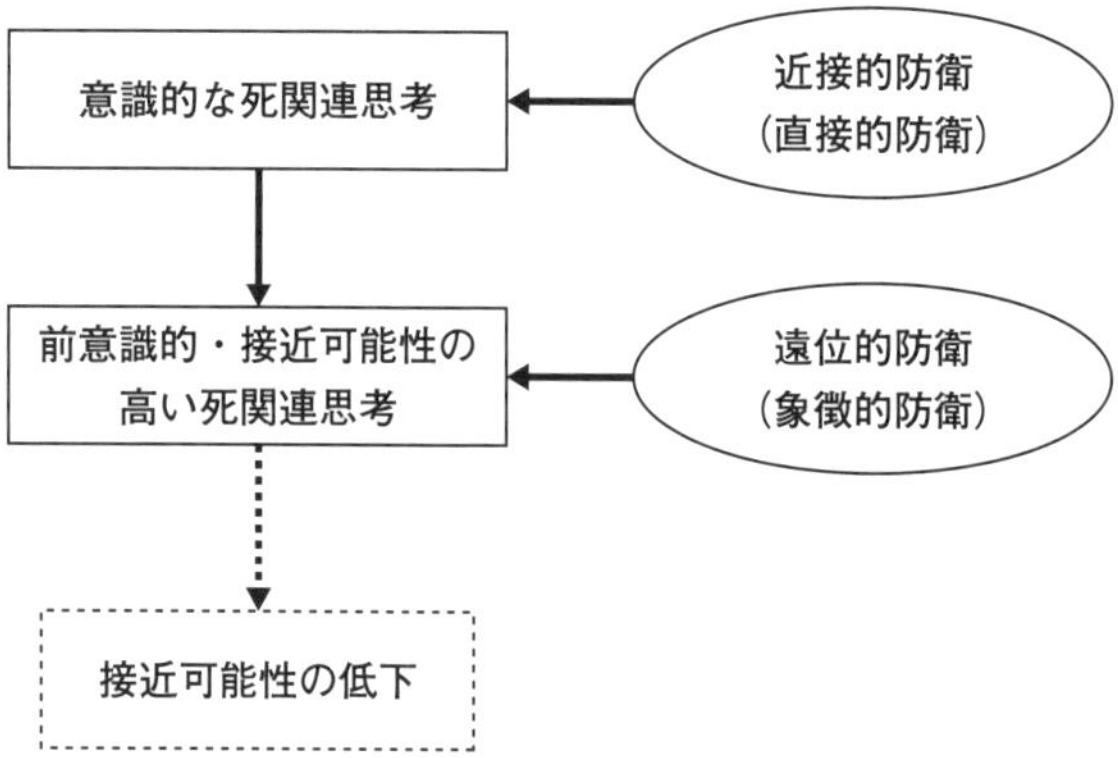

図 20　存在論的恐怖に対する防衛の二過程モデル
（ピジンスキーら，1999 より作成）

反応です。たとえば、死に関する話題について考えないようにしたり、そこから注意をそらしたり、悲惨な事故の映像を観たときに、「こんな目に遭うのはよほど運の悪い人だ」と自分と切り離して考えたりすることが該当します。もう一つは、遠位的防衛（distal defense）です。これは、今まで見てきた、自尊感情や文化的世界観の維持や高揚を通した象徴的防衛のことです。ピジンスキーらは、この二つの防衛が、異なる二つの段階で作用すると考えます。

これを図20に示しました。まず、死に関する話題や映像などの刺激に触れると、人は直接的防衛を行います。直接的防衛反応は、とりあえず意識から死関連思考を取り除き、前意識に送る作用を持ちます。ここで物事が終わってしまえば単純なのですが、人間の思考には、抑制した物事ほど思い出しやすくなってしまう（接近可能性が高くなる）という皮肉な特徴があります（思考抑制のリバウンド効果、ウェグナー 一九九四）。そのため、抑制した思考をそのままにしておくと、接近可能性が高いため再度意識に上り、それを抑制してまた接近可能性が高くなり死関連思考が三度意識に上る……、という悪循環に陥ってしまいます。象徴的防衛は、この前意識にある死関連思考に作用して、接近可能性を低める効果を持ちます。こうして、意識から取り除いた死関連思考が、再度意識に上ることを防いでいるわけです。

第4章では、存在論的恐怖に対する防衛の認知プロセスに焦点を当てました。意識的に思い浮かんでいる死関連思考と、意識から外れていないながら活性化している死関連思考に対して、異なる種類の防衛が行われている、という点がこの章でもっとも重要です。具体的に、前者には抑制や否認、注意の回避といった近接的・直接的防衛が行われます。一方、後者に対しては自尊感情や文化的世界観を通した遠位的・象徴的防衛が行われます。このような区別は、存在論的恐怖に対する防衛のありようの理解を精緻化したという意義を持ちます。さらに、認知プロセスに関する研究は、後続の存在脅威管理理論研究のパラダイムに大きな影響を及ぼした点でも重要な意味を持っています。存在論的恐怖の操作の後に遅延課題が用いられるようになったこと、閾下の存在論的恐怖の操作が用いられるようになったことが、その影響の代表的なものです。

第4章までで、存在脅威管理理論の基礎的な部分の話は終わりです。しかしながら、存在脅威管理理論に基づく研究は、現在も検討対象を広げ展開し、新しい知見を生み出し続けています。第5章以降では、そのような新しいトピックのいくつかについて議論します。まず第5章では、身体性の問題に焦点を当てます。

5・身体性に関する問題

前章までで、存在脅威管理理論の骨子と自尊感情、文化的世界観防衛に関する研究知見、さらに存在論的恐怖に対する防衛の認知プロセスについて解説してきました。これで、存在脅威管理理論の基礎的な部分をおさえたことになります。さて、この章では話を少し掘り下げて、存在論的恐怖にまつわる重要な問題の一つ、人間の身体性について考えます。

私たちは日々、自分の身体に大きな関心を払っています。人前に出るときは普通身なりを整えますし、美しさや健康を保つよう努めている人も多いでしょう。また、恋をすれば相手の身体に性的関心が向くことが一般的でしょう。

さらに、身体に関する決まりごとは、文化的世界観の重要な要素でもあります。たとえば、多くの国で、恋人や配偶者以外と性交渉を行うことは望ましくないものと考えられています。性風俗がどの程度まで法的に許容されるかということにも、文化差があります。

また、多くの文化で、場所や機会、地位に応じた装いのルールが存在します。たとえば日本には、振袖の着物は未婚女性、留袖は既婚女性が着用するといったルールがあります。

このように、私たちの日常や文化的世界観の中で身体が重要なテーマとなっている理由は、存在論的恐怖への対処という点から考えることができます。なぜならば、身体は存在論的恐怖を喚起する側面を持っているからです。それでは、存在脅威管理理論から、身体性の問題を読み解いていきましょう。

●動物性の切り離し

第1章で、文化的世界観が、人間に象徴的存在としての枠組みを与え、身体性や動物性と自己を切り離す働きを持つことについて論じました。そこでは、身体性や動物性が生の有限性、つまり死を連想させることについてふれました。存在論的恐怖に対処するためには、自分をそのような側面と切り離してとらえることが必要なのです。

こうした人間と動物の区別は歴史や宗教の中にも見てとることができます。人間だけが理性を持つ尊い存在であるという考え方は、長く西洋思想の基本的な想定でした。大陸合理主義の祖として知られるデカルトは、機械論的法則に従う物質としての身体と自由意志の主体たる心を区別する心身二元論を唱えましたが、これも動物性とそれ以上の何かを区別する立場としてとらえることができます。また、さまざまな宗教が進化論を受け入れなかったり、適用範囲を限定したりすることも、人間の世界観にとって、人間と動物の区別がきわめて重要なものであることを示唆しています。動物性を避け、人間らしくあろうとすることは、人にとって大きな関心事なのです。

動物性の忌避

人間から動物性を切り離すという欲求は、動物性に対する忌避や嫌悪感として現れます。ゴールデンバーグら（二〇〇一）は存在脅威管理理論の枠組みで、そのような忌避反応について検討しています。まず、彼らは、むかつき（disgust）に着目しました。むかつきとは、吐き気を催すような嫌悪感です。彼らは、存在論的恐怖と遅延の操作で三条件を設定し、さまざまな対象に対するむかつき反応を測定しました。その結果、身体部位や動物に対するむかつき反応が、存在論的恐怖・遅延あり条件で存在論的恐怖・遅延なし条件や統制条件よりも高いことが示されました（表9）。また、食物に対しても同様の傾向がみられました。存在論的恐怖・遅延あり条件だけで得点が高くなっていることから、このむかつき反応は、存在論的恐怖に対する象徴的防衛反応であると考えられます。

表9　条件ごとのむかつき反応
（ゴールデンバーグら，2001，表1より抜粋）

	存在論的恐怖 遅延あり	存在論的恐怖 遅延なし	統　制
身体部位	6.64	5.72	5.81
動　物	6.56	5.57	5.71
食　物	6.07	5.08	5.35

得点範囲は 1〜9。

さらに彼らは、研究2でより直接的に動物性の忌避への欲求を検討する実験を行っています。この実験では、参加者は自己の死もしくは歯医者での苦痛を考えた後、人間と動物の共通性を論じたエッセイか、人間が他の動物と異なる特別な存在であることを主張したエッセイのいずれかを読み（内容は表10参照）、エッセイの筆者およびエッセイそのものに対する評定を行いました。この評定を合算してエッセイ全体の評定とし、比較したところ、人間が他の動物と異なることを主張したエッセイは、存在論的恐怖条件でより肯定的に評価されていました。一方、動物と人間の共通性を主張したエッセイでは、実験条件による評価の差はみられませんでした。このような結果のパターンは、動物性を否定することが、存在論的恐怖への対処において重要な点であることを示唆しています。

表10　ゴールデンバーグら（2001，研究2）で使用されたエッセイ

人間–動物共通エッセイ

人間と動物の境界は，多くの人が思うほど大きなものではない……複雑な思考と自由意志の結果として生じるように見えるものも，本当は生物学的プログラミングと単純な学習経験の産物にすぎない。

人間特別エッセイ

われわれ人間が他の動物といくつかの点で共通しているにもかかわらず，人間は真に独特である――われわれは飢えと渇きに駆り立てられた単なる利己的な生き物ではなく，自分自身の意志を持ち，選択することができ，自分自身の運命を選びとることのできる複雑な個人なのである。

体性感覚の忌避

外側から見た身体だけではなく、身体が感じる感覚も、忌避の対象になることを示したのが、ゴールデンバーグら（二〇〇六）です。彼らは、神経症傾向（感情が不安定で、事物の意味を否定的に解釈してしまいがちな傾向）と存在論的恐怖が、接触性の体性感覚を受けている時間に及ぼす影響について検討しています。接触性の体性感覚というのは、肌に何かが触れることで得られる感覚のことです。この感覚を与えるために、具体的には容器に入れた冷水（摂氏一〜四度）に腕の肘から下を浸けておく（研究1）、足用マッサージ機を使う（研究2）といった方法が用いられました。神経症傾向の強い参加者と弱い参加者を約半数ずつ存在論的恐怖かそれ以外の

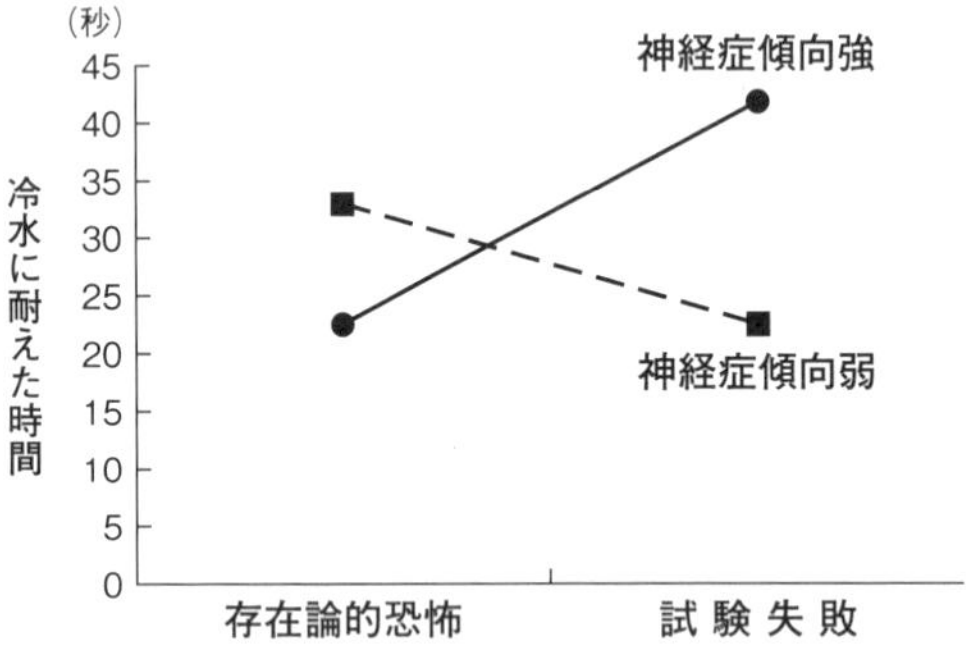

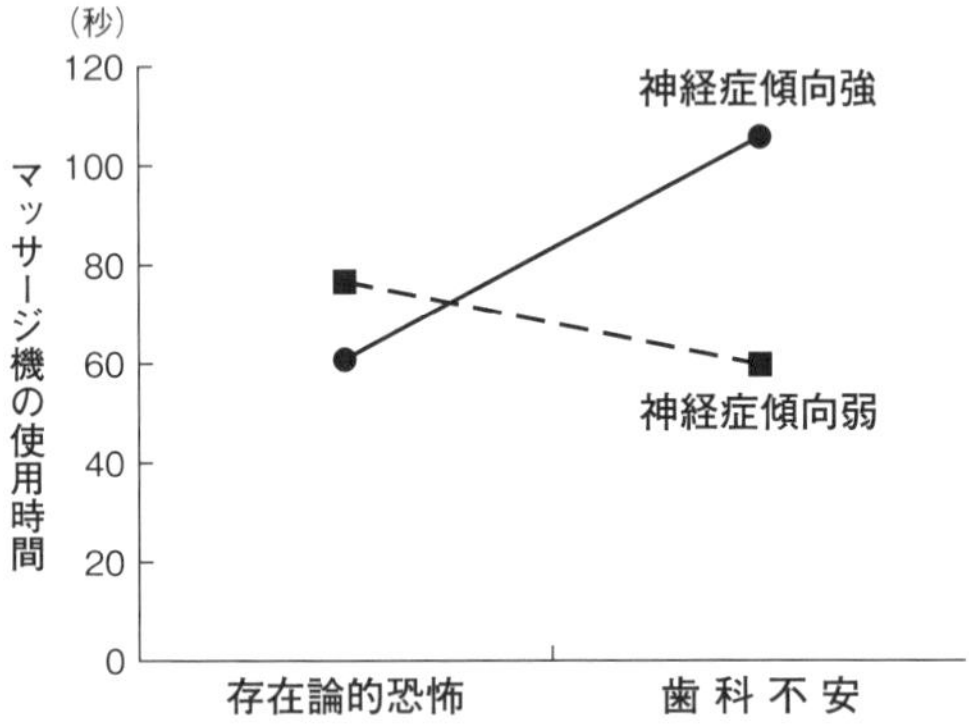

図 21　存在論的恐怖と神経症傾向による体性感覚持続時間の違い（ゴールデンバーグら，2006，上段：研究 1，下段：研究 2）

不快事象（研究1は重要な試験での失敗、研究2では歯科不安）を考える条件に分け、その後体性感覚を受けていた時間を測定しました。

この結果を図21に示しました。図から、冷水という不快刺激でも、マッサージという快刺激でも、神経症傾向の強い人は、存在論的恐怖条件で、他の不快条件よりも感じている時間が短くなっています。これは、存在論的恐怖が、体性感覚の忌避を生じさせていることを示唆する結果です。このような反応が起こるのは、快いものであれ不快なものであれ、体性感覚が身体の動物性を思い起こさせるためだと考えられます。

動物性は死を連想させる

さて、動物性を感じさせるような刺激が存在論的恐怖を喚起してしまうのであれば、そのような刺激に接触した後には、死関連思考の接近可能性が高くなると考えられます。実際に、コックス、ゴールデンバーグ、ピジンスキーら（二〇〇七）は、動物性を強く感じさせるような視覚刺激（排泄や嘔吐の様子、血まみれの指などの写真）を呈示された実験参加者では、中性的な刺激を呈示された参加者よりも死関連思考の接近可能性が高くなることを報告しています（研究1）。また、動物性を中程度に感じさせるような言語刺激では、動物と人間の共通性を論じたエッセイを事前に読んだ場合のみ、同様の結果が得られることも報告しています（研究2)。

ここまで紹介した三つの研究は、動物性を忌避し、人間ひいては自己をそれから切り離すことが、存在論的恐怖への対処に重要な意味を持っていることを示唆しています。

●身体を通じた自尊感情希求

前節では動物性・身体性を忌避する反応ばかりを紹介しました。では、私たちが常に自分の身体性から意識をそらそうとしているかというと、もちろんそのようなことはありません。本章の冒頭でも述べたとおり、私たちは日頃から自分の身体について多くの関心を払っています。

人間が身体に大きな関心を持つ理由の一つは、身体が自尊感情の基盤になるためです。美しい顔や素晴らしいプロポーションをしている人は、そのことで自分を肯定的にとらえることができるでしょう。一方で、太っていることや体力がないことについて思い悩む人もいれば、それを克服しようとしてダイエットや運動に励む人もいます。

存在論的恐怖は自尊感情の希求を動機づけるので、そのような身体に対する反応にも同様に影響を及ぼします。ここでは代表的な研究をいくつか紹介します。

どのような身体が望ましいと考えられるかは、もちろん文化によって異なります。しかし、先進諸国に限れば、痩せていることが美しさの一つの基準として社会的に共有されていると考えてよいでしょう。多くのダイエット食品やダイエット器具が販売されていることは、その端的な表れと解釈できます。この点に関連してゴールデンバーグら（二〇〇五）は、存在論的恐怖が食行動に与える影響を検討しています。

食事量の制限

研究1では、参加者は存在論的恐怖もしくは歯科不安の操作を受けた後、スナック食品のマーケティング調査（もちろんこれは実験のためのカバーストーリーです）に参加するよう求められました。このスナック食品は脂肪分が多いが栄養価が高いと説明され、参加者はサンプル（最大一〇グラム）を好きなだけ食べてから、それを評価するよう求められました。男女別に、スナック食品を食べた量を図22に示しました。女性では、存在論的恐怖条件でスナック食品の消費量が少なくなっていました。これは統計的に有意な差でした。男性では存在論的恐怖条件で消費量が多くなっているように見えますが、これは統計的に意味のある差ではありませんでした。女性は、存在論的恐怖が顕現化する状況で、食行動を控えるようになるのです。

さらに、女性のみを対象にした研究2では、BMI（Body Mass Index）による反応の違いが検討されました。BMIは値が大きくなるほど、身長に比して体重が重いことを意

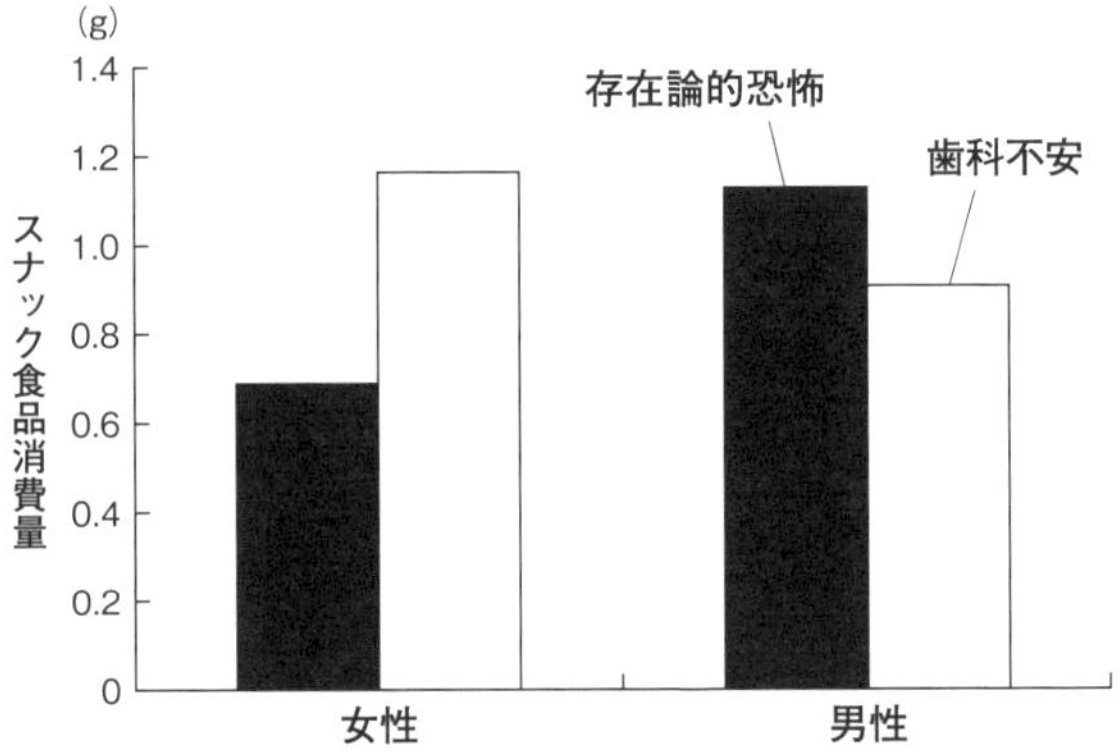

図 22　実験条件および性別ごとのスナック食品消費量
（ゴールデンバーグら，2005，研究 1）

味します。つまり、身体領域で文化的価値基準を達成できていないことの間接的な指標になります。第2章で紹介したグリーンバーグらの研究知見（自尊感情が低い人が死関連刺激の後に不安がより強い）と併せて考えれば、BMIの高い女性が、存在論的恐怖について考える場合に、スナック食品の消費を差し控えるようになると考えられます。

研究2の結果は図23に示されています。予測通り、BMIの高い女性は、存在論的恐怖条件で骨折条件よりもスナック食品の消費量が少なくなっていました。BMIが低い女性では、対照条件と存在論的恐怖条件に明確な差はありませんでした。

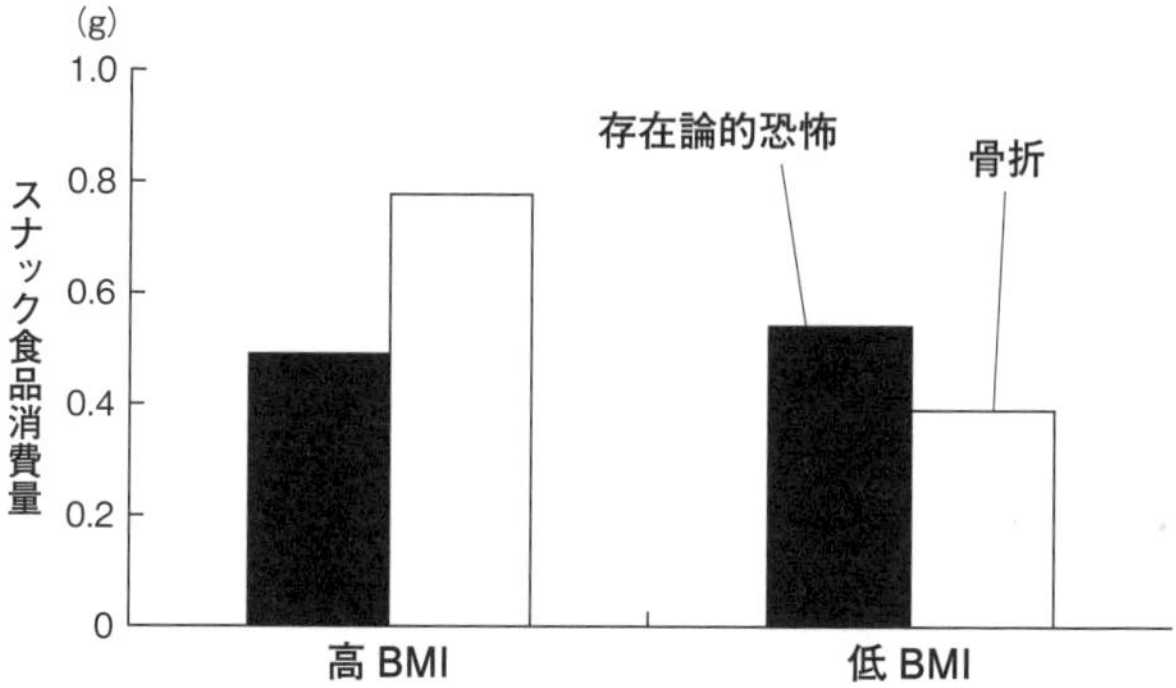

図 23　実験条件および BMI の高低ごとのスナック食品消費量
（ゴールデンバーグら，2005，研究 2）

さらに、研究3では、この影響のプロセスについて検討が行われています。その結果、BMIの高い女性において、存在論的恐怖が体型の文化的な基準と自分の体型のずれを大きく感じさせ、このことが部分的にスナック食品消費量の低下を説明することを示しました。存在論的恐怖によって、体型の文化的な基準と比べて自分が太っているという考えが強まり、スナック食品の消費が減る、ということです。これらは、存在論的恐怖が、体重のコントロールを通じた自尊感情希求反応を生じさせることを示しています。

身体の客体化

身体を自己評価の対象とすることには、身体の客体化（body objectification）の問題がつきまといます。身体の客体化とは、自己の身体を、見た目で評価されるモノとしてとらえてしまうことを指します。これは、社会化の過程で、身体にまつわる文化的な規範や他者の視点を個人が内化することによって生じます。この身体の客体化は、さまざまな問題（身体に対する不安や恥、心的パフォーマンスの低下など）を引き起こすことが指摘されています。また、欧米諸国や日本では、女性のほうがこの客体化のターゲットにされやすいと考えられています（フレデリックソンとロバーツ 一九九七）。

しかし一方で身体の客体化は、基準を満たす限りにおいては、自尊感情の獲得に寄与する側面を持ちます。そのため、存在論的恐怖は身体の客体化に影響を及ぼすと考えられます。グラーベら（二〇〇五）は、アメリカ人大学生を対象に、この予測を検証しました。彼女らは、自分自身だけではなく、女性一般に対する客体化にも着目しました。また、身体の外見的特徴（性的魅力など）を能力的特徴（健康さなど）よりも重視する程度を、客体化の指標としています。

その結果を表11に示しました。まず、全体として女性のほうが、自分自身をより強く客体化していることが読みとれます。さらに、歯科不安条件では自己客体化の程度に性差はありませんでしたが、存在論的恐怖条件では、女性のほうが男性よりも強く自己客体化を行っていました。また、存在論的恐怖条件では、身体を自尊感情の重要な源だと考えてい

表 11　自己客体化，女性一般の客体化得点
（グラーベら，2005）

		存在論的恐怖	歯科不安
自己客体化			
	男性	−3.11	0.00
	女性	9.71	3.50
女性一般の客体化			
	男性	10.15	14.72
	女性	13.79	5.93

得点範囲は−25〜25。

るほど、自己を強く客体化していることが示されました。一方、女性一般に対する客体化について、男性では条件間で違いがありませんでした。それに対し、女性では、歯科不安条件よりも存在論的恐怖条件で女性一般に対する客体化が強くなっていました。視点を変えれば、歯科不安条件では男性のほうが女性一般に対する客体化を行っていましたが、存在論的恐怖条件では性差がなくなっています。
自己の身体を客体化することは先述のようにさまざまな問題につながりますし、他者から身体について言及されたり評価されたりすることは、必ずしも快いものではありません。しかしながら、存在論的恐怖への対処の必要性から、自分自身で客体化を強めてしまうのです。これらの知見は、自己客体化にまつわる問題の根深さを示唆するものです。

●健康関連反応への影響

死と身体、という二つの言葉からもっとも連想しやすいキーワードは健康でしょう。健康は私たちにとって重要な関心事です。さて、存在論的恐怖は健康追求行動にどのような影響を及ぼすのでしょうか。単純に考えれば、自分の死について考えた後には、それを避けようとして健康を増進する行動を行いそうなものですが、実際には話はそう単純ではありません。

運動の意図

アントら（二〇〇三）は、健康増進活動の意図に関する研究を行っています。彼らの実験には、健康が自尊感情にとって重要だと考えている人々のグループと、あまり重要でないと考えている人々のグループが参加していました。研究1では、死もしくは歯科不安について考えた直後に、習慣的な有酸素運動が長生きにもっとも寄与する要因であることを、いくつかの生理学的な説明とともに論じた記事を読み、次の一カ月に普段と比べてどの程度運動するかの意図と、次の運動を何分間続けると

表12　実験条件および運動と自尊感情のかかわりごとの，遅延後の運動意図（アントら，2003，研究2）

	存在論的恐怖	歯科不安
運動-自尊感情関連群	5.41	0.37
運動-自尊感情無関連群	−2.81	−2.05

思うかを尋ねました。この二つの質問の得点を合成したものが運動意図の指標です。その結果、どちらのグループでも、存在論的恐怖条件で運動の意図がより高くなっていました。一方、研究2では、実験操作の直後と遅延課題後に運動意図を尋ねるという条件を追加しました。すると、今度は運動意図の高まりは、健康が自尊感情にとって重要だと考えているグループのみでみられました（表12）。

さて、なぜこのような結果の違いが生じたのでしょうか。第4章で紹介した、防衛の二過程モデルに基づいて考えれば、これは、健康増進活動が二つの意味を持っているためだと考えることができます。つまり、存在論的恐怖を考えた直後の運動意図の高まりは、「自分は健康に良い活動をしているから、そう簡単には死なない」という死関連思考の抑制反応、つまりは直接的防衛と考えることができます。一方で、遅延後の意図の高まりは健康が自尊感情にとって重要だと考えている人々の間だけで起こっているのですから、自尊感情希求反応、つまりは象徴的防衛反応だと考えられるのです。

死の恐怖に身を焦がす

先ほどのアントらの研究では、直接的防衛でも象徴的防衛でも、健康増進に役立つ活動の意図が強まっていました。しかしながら、直接的防衛と象徴的防衛で正反対の反応が起こってしまうような例もあります。

ルートリッジら（二〇〇四）の日焼けに関する研究がそれを端的に示しています。研究1で、彼らが対象としたのは、日焼けした肌が自己イメージや自尊感情とある程度以上関連する、と答えた女子大学生でした。参加者は存在論的恐怖もしくは歯科不安について考えた直後、もしくは遅延課題を挟んだ後で、一一個のSPF（日焼けを防ぐ効果の強さ）の異なる日焼け止めの製品について、それを買いたいと思うかどうかを評定しました。このうち、日焼け止め効果が一定程度ある（SPF一五以上）七つの商品に対する評定が、検討の対象でした。各条件の購買意図の平均値を表13に示します。遅延なし条件では、存在論的恐怖条件で日焼け止めの購買意図がより高くなっていることが読みとれます。これは、健康に有害な日光に触れることを避けようとする、直接的防衛反応だと解釈することができます。一方、遅延あり条件では、逆に存在論的恐怖条件で購買意図が低くなっていました。実験参加者は日焼けしていることと自尊感情が関連づけられている人々だったの

表13　SPF15以上の日焼け止めの購買意図
（ルートリッジら，2004，研究1）

	存在論的恐怖	歯科不安
遅延なし	5.56	4.46
遅延あり	3.83	5.02

得点範囲は1〜9。

で、遅延後の購買意図の低下は日焼けをして魅力を高め、自尊感情を得ようという象徴的防衛反応として理解することができます。

もっとも、日焼け止めの購買意図が下がったからといって、積極的に日焼けしたいと考えていたかどうかは分かりません。そこで彼らは研究2で、日焼けのサービスや製品への興味について検討を行いました。また、この実験では、日焼けと自尊感情が関連している人を参加者として選ぶのではなく、日焼けサービスや製品を扱う架空の店の広告を用いた実験操作で、その二つを関連づけることを試みました。具体的には、水着姿の日焼けした美しい女性が写っている広告を呈示する条件（日焼けと美しさを結びつける条件）と、女性の代わりにビーチボールが写っている広告を呈示する条件を設定しました。この実験結果を表14に示しました。なお、この実験では、比較のための条件の参加者は不確実性について考えており、どの実験条件でも、興味

表14　日焼け用サービス，製品への興味
（ルートリッジら，2004，研究2）

	存在論的恐怖	不確実性不安
女性広告	5.63	4.24
ビーチボール広告	4.67	5.29

得点範囲は1～9。

を回答する前に遅延課題が含まれていました。

表から明らかなように、女性広告条件では、存在論的恐怖条件で、日焼け用品やサービスに関する興味がより強くなっていました。一方で、ビーチボール広告条件では、二つの実験条件の間に差はありませんでした。この結果は研究1を補完し、存在論的恐怖が自尊感情を高めることに寄与する範囲において、象徴的防衛として健康に害を及ぼす行動の意図を強めてしまうケースがあることを示しています。

●セックスにまつわる問題

セックスは人間にとって重要な営みである一方、さまざまな悩みや苦しみの原因ともなるものです。そのような悩みや苦しみの一部は、セックスの動物的側面に起因しています。強い性欲を獣欲と言うことには、動物的側面を忌避

表15　実験条件およびエッセイの種類ごとのセックスの身体的側面の魅力の評価（ゴールデンバーグら，2002，研究2）

	存在論的恐怖	試　験
エッセイの種類		
人間–動物共通	3.77	4.68
人間–動物非共通	4.78	4.13

得点範囲は1〜7。

する心理が表れています。先述のとおり存在論的恐怖は動物性の忌避を動機づけるので、それはセックスに対する態度にも影響を及ぼします。

セックスの身体的側面の忌避　ゴールデンバーグら（二〇〇二）は、人間と動物の共通性を強調したエッセイを読んだ後では、セックスのロマンチックな側面について考える場合よりも、身体的側面について考える場合に、死関連思考の接近可能性が高いという研究結果を報告しています（研究1）。さらに、研究2では、同様に人間と動物の共通性について考えた後では、存在論的恐怖条件で、セックスの身体的側面の魅力の評価がより低いことを示しています（表15）。

重要なことは、研究1および研究2のような結果は、あくまでセックスの身体的側面についてのみ生じている、ということです。セックスにはパートナーと愛情を確認しあうといったロマンチックな側面がありますが、このような側面について考えても死関連思考の接近可能性が高まることはありませんし、存在論的恐怖によって魅力が低減することもありませんでした。このことは、存在論的恐怖に脅かされることなく自己の性的側面と付き合っていくために、愛情などの社会的な意味づけが重要であることを示唆しています。

性的魅力の高い女性に対するアンビバレンス

性的魅力の高い女性は、男性から非常に肯定的に評価されることもあれば、逆に極端にけなされることもあります。このような、性的魅力の高い女性に対する男性のアンビバレントな態度を、存在脅威管理理論から検討したのがランダウら（二〇〇六）です。ランダウらは、女性の性的な魅力が、男性に身体性を思い起こさせてしまうために、そのような反応が起こる、と考えました。研究1では、六人のとても魅力的な女性の写真を見て、その人物の魅力度を形容詞で評価する、という実験を行っています。そして、死関連単語を閾下呈示した条件において、男性は性的魅力の高い女性をより魅力的でないと評価するようになる一方で、女性ではそのような反応がみられないことを示しました（表

表16　閾下呈示する語と参加者の性別が性的魅力の高い女性の評価に及ぼす影響（ランダウら，2006，研究1）

	死関連語	苦痛関連語
男　性	4.59	6.41
女　性	4.63	4.32

得点範囲は1～9。

16）。一方、研究4では男女の参加者に、性的魅力の高い異性の写真を見せ、その人とデートに行きたいと思うか等の性的な興味を測定しました。その結果、研究1と同様、魅力的な異性への男性の興味は存在論的恐怖条件で他の不安や中性的話題について考える条件よりも低くなるが、女性ではそのような違いがみられない、という結果が得られました。

さらに、男性のみを参加者とした研究2では、参加者を性的魅力の高い女性のサクラと会話をさせ、その後で会話中における、自分自身およびそのサクラの性的な意図を評定させる、という実験を行っています。その結果、存在論的恐怖条件では自己の性的な意図の評定がより低くなっていました。一方で、サクラの性的な意図に関しては条件の効果がみられませんでした。

同様に男性のみを対象とした研究3では、参加者は、ショートフィルムに出演する女優の候補の写真を見て、

表17　**条件ごとの健全な女性と誘惑的な女性ターゲットの評価**（ランダウら，2006，研究3）

	存在論的恐怖	歯科不安
健　全	3.92	4.30
誘　惑	2.95	5.02

得点範囲は1〜7。

その候補の魅力を評定するように求められました。ターゲットは長いブロンドの髪の、大学生くらいの年齢の魅力的な女性です。しかし、条件によって彼女の服装は異なっていました。健全条件では、彼女は長袖のセーターに青いジーンズをはいて、楽しそうに笑っていました。一方、誘惑条件では、彼女はノースリーブの上着にミニスカートという格好をしており、男性に媚びるような笑顔で誘惑するようなポーズをしていました。実験の結果、健全条件のターゲットの評価には、存在論的恐怖の効果はみられませんでした（表17）。一方で、誘惑条件のターゲットの評価は、存在論的恐怖条件でより低くなっていました。さらに、存在論的恐怖条件のみで見ると、誘惑条件のターゲットは健全条件のターゲットよりも低く評価されていました。これらの結果は、女性の性的な魅力が、男性にとって脅威になる側面があることを一貫して示しています。普段は性的に魅力的な女性のほうを好んでおきながら、存在論的恐怖が顕現化すると評価を下げるのですから、男性はある意味身勝手、と言えるかもしれません。

●子を産み、育てること

妊娠や出産は、人生において重要な意味を持ちうるイベントです。自分自身やパートナーの妊娠、子どもの誕生に大きな喜びを感じ、人生の意味を見出す人も多いことでしょう。しかし一方で、妊娠や出産は動物性を強く思い起こさせる側面をもつものです。出産は、神道では穢れを生じさせるものと位置づけられますが、これはそのような側面への忌避反応としてとらえることができます。動物と人間の類似性を否定したい状況においては、妊娠は否定的に評価される可能性を含んでいます。

妊婦への否定的態度

ゴールデンバーグら（二〇〇七）は、動物性の忌避を行う動機づけが高まる状況では、妊婦への態度がより否定的になることを示しています。彼らは、実験参加者に人間と動物の共通性を論じたエッセイもしくは人間の特異性を論じたエッセイを読ませた後、アメリカの女優デミ・ムーアの姿が掲載され

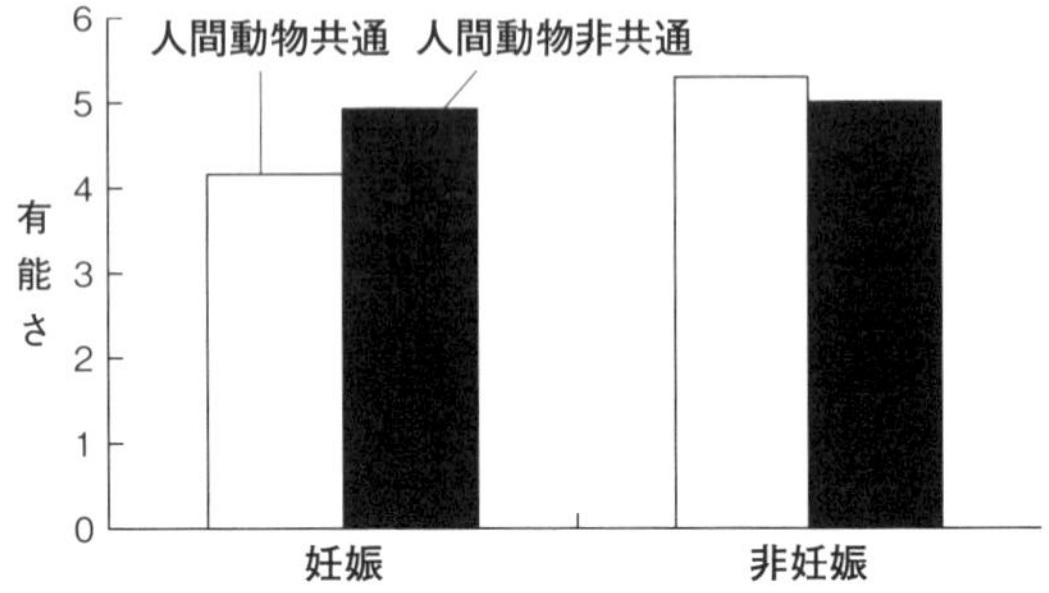

図24　エッセイの種類とターゲットの妊娠・非妊娠ごとの有能さの評定値（ゴールデンバーグら，2007，研究2）

ている雑誌の表紙を評定させました。表紙には彼女が妊娠していないときのものと妊娠しているときのものの二種類がありました。妊娠している表紙の評定は、人間動物共通エッセイ条件でより否定的になっていました（研究1）。また、研究2では、別の女優（グウィネス・パルトロウ）の妊娠していない写真もしくは妊娠している写真を呈示して、一般的な有能さを評定させました。結果、妊娠条件では非妊娠条件よりも評定値が低くなっていました（図24）。これらの結果は、妊娠あるいは妊婦への態度と存在論的恐怖への対処が関連することを示唆した、興味深いものです。

母乳保育への否定的態度

コックス、ゴールデンバーグ、アントら（二〇〇七）は母乳保育への態度に存在論的恐怖が及ぼす影響を検討しています。まず、研究1では存在論的恐怖条件と比較のためのスピーチ不安条件の参加者に、公の場で乳児に母乳を与えている女性を描いたシナリオを呈示し、それがどのくらい逸脱的な行為で、どの程度罰されるべきかという評価を尋ねました。その結果、存在論的恐怖条件で、より否定的で厳しい評価が行われていました。

研究2では、参加者は性格検査に答えた後、他の参加者とある話題について会話してもらう、というカバーストーリーの実験に参加しました。性格検査の中に、死に関する質問（存在論的恐怖条件）もしくは歯医者での苦痛に関する質問（歯科不安条件）が含まれていました。さらに、他の参加者については、乳児を連れてきている女性で、現在その女性は隣室にいて、母乳を与えている（母乳ターゲット）、もしくは哺乳瓶でミルクを与えている（哺乳瓶ターゲット）ということが伝えられました。その上で、参加者はその人物が記入した個人プロフィールを見て、印象の評定を行いました（参加者自身も個人プロフィールを記入しており、それを交換して評定し合う、というカバーストーリーが用いられていました）。その後、参加者は別の部屋に連れて行かれ、実験者が他の参加者を呼びに行く間に、次の課題（トピックについての会話）を行うために、自分とターゲットが座るた

表18　実験条件ごとのターゲットの好ましさの評定と椅子の間の距離
（コックスら，2007，研究2）

	存在論的恐怖	歯科不安
好ましさの評定[1]		
母乳	5.86	6.51
哺乳瓶	6.77	6.76
椅子の距離[2]		
母乳	38.06	31.44
哺乳瓶	32.58	33.19

[1] 得点範囲は1〜9。
[2] 単位はインチ。

めの折りたたみ椅子を並べるよう依頼されました。この二つの椅子の距離は、心理的な距離の指標です。実験の結果、母乳ターゲットは、存在論的恐怖条件で歯科不安条件よりも否定的に評価されていました。一方、哺乳瓶ターゲットには条件の効果はみられませんでした。また、存在論的恐怖条件内で見れば、母乳ターゲットは哺乳瓶ターゲットよりも否定的に評価されていました。さらに、椅子の距離でも同様に、母乳ターゲットとの距離は存在論的恐怖条件でより遠く、また存在論的恐怖条件内で見た場合、哺乳瓶ターゲットよりも遠いという結果が得られました（表18）。

第5章では、近年存在脅威管理理論の枠組みで盛んに研究されているトピックの一つ、身体性について議論しました。身体は苦しみの源になる一方で、追求や憧れの対象にもなります。このようなアンビバレンスは、身体の動物性を連想させる側面と、自尊感情の基盤としての側面が、存在論的恐怖への対処において相克してしまうことから理解できるのです。さまざまな文化が身体に関する慣習やルールを持つことは、身体の動物性に対する防衛反応の歴史的蓄積ととらえることもできるかもしれません。

次の第6章では、もう一つのホットトピックである、他者との関係性について話を進めます。他者との関係は私たちにとってかけがえのないものですが、存在論的恐怖への対処においてもやはり重要な役割を果たします。

6・関係性へのアプローチ

親、恋人、友人、同僚など、私たちはさまざまな他者との関係の中で日々生きています。他者との関係性が人の心にとっていかに重要であるかについては、すでに多くの研究知見が蓄積されています。たとえば親を含む養育者との関係は心的安全や対人スタイルの基盤となるものですし、友人関係は自己概念の発達や社会的スキルの獲得に重要な役割を果たします。

近年、存在脅威管理理論に基づく研究でも関係性が注目され、それが存在論的恐怖を和らげる不安緩衝装置として機能することが徐々に明らかにされています。それだけではなく、不安緩衝装置としての関係性は、自尊感情の機能に関する別の理論や、進化心理学との関連を考える上で重要な意味を持つようになってきています。第6章では、関係性がどのように存在論的恐怖と関わるのかについて論じていきます。

●存在脅威管理理論における関係性の位置づけ

存在脅威管理理論の文脈では、関係性に関する実証研究は比較的新しいものです。しかしながら、理論そのものの中では、初期から関係性の不安緩衝効果について議論が行われていました。ただし、その時点では関係性は、あくまで文化や自尊感情による防衛の前段階のものとして、幼児期にのみ機能するものと位置づけられていました（グリーンバーグら 一九八六）。

グリーンバーグらの議論を少し詳しく紹介しましょう。誕生から幼少期まで、幼児は養育者の保護に生存と安心を依存しています。乳児のころは、そのような保護はおおむね無条件に与えられるものです（ネグレクトのようなケースを除いて）。しかし、成長に伴いしつけを行う段階になれば、子どもはその保護が養育者の価値観に適合しなければ与えられないことを徐々に理解するようになります。良い子にしていないと面倒を見てもらえない、という気づきを得るということです。グリーンバーグらはこの気づきが、価値基準を達成する者に不死概念や象徴的存在の枠組みが与えられる、という信念の原型だと考えました。この段階では、保護者との関係性が不安緩衝装置として重要な役割を果たすと彼らも考えています。

しかし、子どものさらなる成長にしたがって不安への対処の基盤が、養育者との関係性から、より大きく、また長く続くと信じられる文化へと遷移すると彼らは主張しています。子どもたちが、認知的能力の発達に伴い、養育者は全能ではなく、そして多くの場合自分より先に死ぬ有限の存在であることに気づくようになるためです。養育者は保護や安心の基盤としては、いずれ心許ないものになってしまうのです。このような位置づけがなされたため、初期の研究においては、対人関係の不安緩衝効果に関する実証的検討は行われませんでした。

しかしながら二〇〇〇年代に入り、関係性の不安緩衝効果が主張されるようになります。その中心となったのは、ヴィクトール・フロリアン、マリオ・ミクリンサー、ジラルド・ヒルシュバーガーらでした。彼らがとくに着目したのは、恋愛や配偶といったロマンチックな関係でした。ミクリンサーら（二〇〇三）はまず、関係性の不安緩衝機能を二つに分けて概念化しました。一つは、一般成分（nonspecific component）です。これは、愛着理論（ボウルビィ 一九六九）で旧来より指摘されてきた、避難所および安全基地としての関係性の働き、つまりは不安一般を低減する働きを担う成分です。もう一つは特定成分（specific component）です。これが、存在論的恐怖の緩衝に特異的に関わる成分です。

ミクリンサーらは、対人関係が存在論的恐怖の緩衝に効果を発揮する（特定成分が存在する）理由として、三つの点を挙げています。①親密な関係は繁殖という形での象徴的不死概念の獲得を可能にする、②親密な関係は自己を越えた社会的実体を感じさせる、③親密な関係は情熱的な愛情を経験する機会を与える、という三点です。

これらは、親密な関係そのものが象徴的不死概念の基盤であり、直接的に存在論的恐怖を低減する、という主張です。自己の一部である遺伝情報（より素朴には血筋、という表現がなされますが）が子孫に受け継がれるという認識は、象徴的不死概念を与えると考えられます。また、二つ目の社会的実体に関しても、自己をより大きな関係の中に同一化させることによって、死後も象徴的にそこに存在し続けるという、象徴的不死概念の獲得を可能にすると考えられます。また、社会的実体の一部であるという意識あるいは関係的自己は、象徴的存在としての枠組みを意識させ身体性や動物性の自己からの切り離しを促す効果も持つと考えられます。

三点目に関しては象徴的不死概念との関係が必ずしも明確ではありませんが、感情の種別と人間らしさという点から解釈ができます。感情は、動物でも経験すると考えられるような一次感情と、人間が固有に経験すると考えられる二次感情に区別することができます。愛情は後者の二次感情に含まれます。そして、二次感情を経験できることは、人間らしさを規定する重要な要素だと考えられています（レイエンズら二〇〇〇）。愛情といった人間らしい感情の経験が存在論的恐怖の緩衝に役立つのは、それが自分の人間らしさを感じる機会となり、動物的側面の否定に寄与するからだと考えることができます。

●恋愛関係に関する研究

前節のような議論に基づき、恋愛関係が象徴的防衛に果たす役割が検討されるようになりました。ここでは主要な研究知見を紹介します。

ロマンチック・コミットメントに関する研究

ロマンチック・コミットメントとは、恋人との関係をどのくらい重視するか、またその関係をどれくらい継続する意図があるかといった要素を含む概念です。フロリアンら（二〇〇二、研究1）は、存在論的恐怖がロマンチック・コミットメントに及ぼす影響を検討しました。その結果、存在論的恐怖を考える条件では、身体的な苦痛について考える条件よりも、ロマンチック・コミットメントが高くなることが示されました。

恋愛関係はさまざまな満足をもたらしてくれます。その一方で、時には恋人とけんかをしたり、すれ違ったりとネガティブな経験をすることがあるものです。そのような状況でもやはり、存在論的恐怖は恋人へのコミットメントを高めるのでしょうか？　この点を検討したのが、ヒルシュバーガーら（二〇〇三）です。彼らは、シナリオを用いて恋人からのフィードバックを操作しました。用いられたシナリオは、恋人から称賛を受ける（称賛条件）、行動について文句を言われる（文句条件）、人格を批判される（批判条件）という三つです。文句も批判も否定的な反応ですが、文句は行為という自己の一部、批判は人格という自己全体に向かうという点で異なっています。そして、後者のほうがより否定的含意が強く、関係に悪影響を及ぼすと考えられます。

参加者は自己の死もしくはテレビ視聴に関する質問に答えた後、いずれかのシナリオを読んで恋人からのフィードバックを想像し、その上でロマンチック・コミットメントを評定しました。結果を図25に示しました。統制条件に着目すると、コミットメントは称賛条件でもっとも高く、文句条件、批判条件の順で低くなっていました。しかし、存在論的恐怖条件では、称賛条件と文句、批判条件との間に統計的有意差はありませんでした。恋人からの批判や文句は心的苦痛を感じさせたり、自尊感情を傷つけたりするものです。統制条件で恋人からの批判や文句を想像した場合にコミットメントが低いのはそのためだと考えられます。それにもかかわらず、存在論的恐怖について考える場合には文句および批判

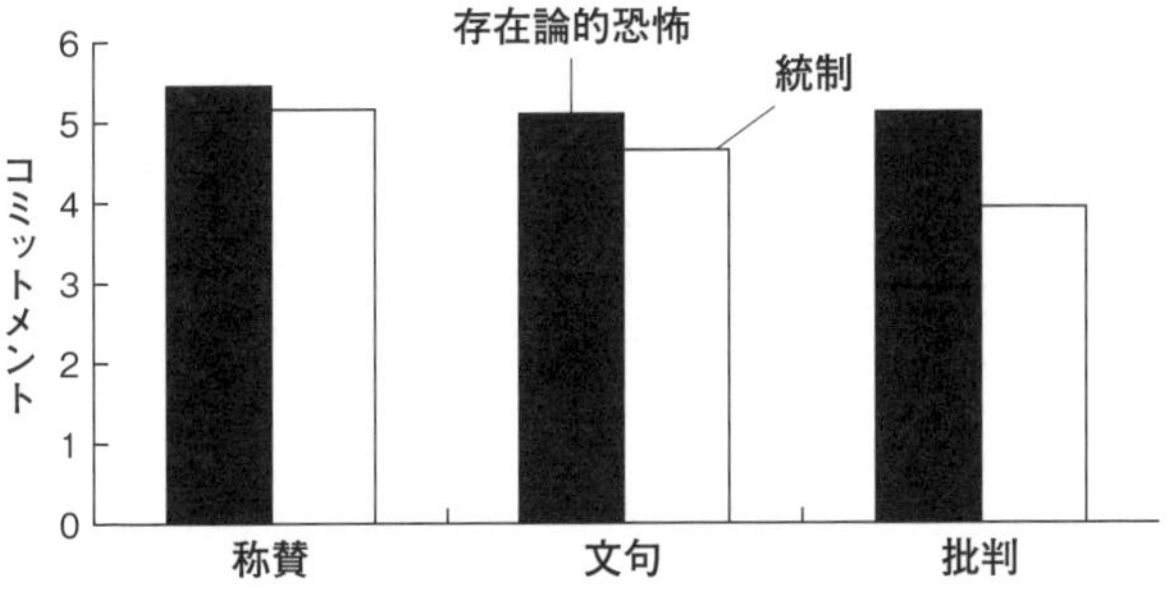

図 25　実験条件と恋人からのフィードバックがロマンチック・コミットメントに及ぼす影響（ヒルシュバーガーら，2003）

条件でもコミットメントが高いということは、恋愛関係がそれだけ象徴的防衛に重要な役割を果たすということを示唆しています。けんかやいざこざを通り越して、恋人からひどい仕打ちを受けながらも関係を続けてしまう人が稀にいます。ひどい恋人から離れられないことの背景には、存在論的恐怖の影響があるのかもしれません。

恋愛関係の形成促進

ロマンチック・コミットメントに関する研究は、現在の恋人との関係に関するものです。もちろん、コミットするには恋人がいなければなりません（そして恋人がいないことに悩む人は多いものです）。存在論的恐怖は、恋人をつくることに関わる反応、より正確には恋愛関係の形成を促進するような反応を強めることも知られています。

スミージャら（二〇〇六）は、デーティングパラダイムという手法を用いてこの点を検討しました。デーティングパラダイムというのは、男女がペアになり一定時間会話をし、時間がきたら別の異性とペアになり会話をしていく、ということを繰り返していくものです。いわゆるお見合いパーティのようなものだと想像してください（とはいえ著者自身は、お見合いパーティに参加したことがないのですが……）。実験参加者は存在論的恐怖もしくは統制条件の操作（テレビ視聴に関する質問）を受けた後、デーティングパラダイムの実験に参加しました。一回の実験では一度に六人の同性の参加者が会話をする部屋に呼ばれました。会話をする異性六人は実験者が手配したサクラでした。参加者とサクラは四分間話をし、それが終わったら相手の印象（全体的な会話の印象と、知性など個々の領域の印象）を評価フォームに記入します。記入が終わったら、別の異性とペアになり、また会話と評定を行います。この手続きを、異性全員とペアになるまで続けました。結果が煩雑なので全体的な印象だけをここでは取り上げます。

存在論的恐怖条件では、統制条件に比べて、異性の印象が肯定的になっていました（表19）。異性の印象が肯定的になれば、その他者と関係を形成したいという意欲も高くなると考えられます。ただし、親密さを回避する傾向がある程度以上強い人（愛着回避傾向が平均以上に強い人）では、むしろ異性の印象評定は低くなる傾向にありました。愛着回避

表19　実験条件と愛着回避の程度ごとの，全体印象の平均値（スミージャら，2006）

	愛着回避弱	愛着回避中	愛着回避強
存在論的恐怖	7.22	6.28	6.29
統　　制	6.45	6.85	6.68

評定値は６人のターゲットの平均。得点範囲は１～10。

傾向の強い人は存在論的恐怖に対して、関係性関連反応よりも自尊感情希求反応で対処を行う傾向にあるという研究知見があります（ハートら 二〇〇五）。ハートらの知見に基づけば他の手段で象徴的防衛を行っていたことが、評価が低下した一因だと考えられます。

妥協してでも結婚したい

恋人がなかなかできないと悩んでいるときに、家族や友人から、「それは理想が高すぎるからではないか」と指摘されたことのある人が、この本を手にとってくださっている人の中にもいるのではないでしょうか。恋愛や結婚を考えるときに、相手にあまりに多くを要求してしまうと、なかなかそれを満たす相手が現れず、結果として交際するチャンスを逃してしまうことになります。逆に言えば、恋愛関係の形成や結婚のためには、ある程度妥協することが効果的な側面もあるのです。この点を検討したのが、ヒルシュバーガーら（二〇〇二）です。彼らの実験で、参加者はまず自分自身の性格や、理想の結婚相手に求める特徴を回答しました。その上で自己の死、身体的苦痛、中性的な話題のいずれかについて考え、その後で、実際に結婚相手を選ぶときに、先ほど回答した結婚相手に求める特徴をどの程度妥協するつもりがあるかについて回答しました。その結果、存在論的恐怖条件でもっとも妥協の意図が強いことが示されました。象徴的防衛の必要が高まると、文字通り妥協してでも恋愛関係を形成しようとする、人間の切ない部分をとらえた実験結果であると言えます。

恋愛関係の不安緩衝効果

ここまで見た研究は、存在論的恐怖が顕現化する状況で、人がさまざまな方法で恋愛関係を求めることを示しています。このことは、恋愛関係が存在論的恐怖を和らげる効果を持つことを示しています。もし、恋愛関係が不安緩衝装置として機能するのならば、ここまで見てきたような知見に加えて、恋愛関係の継続が危ぶまれる状況になったり、あるいは実際に関係が崩壊したりしてしまうと、人は存在論的恐怖を感じやすくなるはずです。言い換えれば、関係性についても文化的不安緩衝装置仮説を支持する結果が得られるはずです。

フロリアンら（二〇〇二、研究3）は、イスラエル人を対象とした実験で、恋愛関係の問題について考えさせる操作を用いて、この点を検討しました（なお、真剣に異性と交際している人のみが研究対象となっています）。現在の恋愛関係の問題について考えれば、その関係の安定性や継続可能性が脅かされると考えられます。参加者の半数には、「あなたが現在の恋愛関係で経験した問題を簡単に書いてください」「その問題について考えることが生じさせる感情を説明してください」という二つの自由記述の質問への回答を求めました（恋愛問題群）。残り半数の参加者には、学業の問題に関する質問に回答させました（学業問題群）。そして、その後に語幹完成課題で、死関連思考の接近可能性の測定を行いました。その結果、恋愛問題群では学業問題群よりも死関連単語の完成数が多くなっていました（図26）。なお、この効果は性別や神経症傾向の影響を統計的に除いても、変化しませんでした。

フロリアンらの研究ではあくまで恋愛関係の問題について考えるだけでした。では、その問題の究極の形、別れについて考えることはどのような影響を持つでしょうか？　この点を検討したのがミクリンサーら（二〇〇二）です。彼らは別れを想像させる操作と、愛着不安傾向（親密さの継続に不安を感じるがゆえに、それを過度に強く求める傾向）の個人差が死関連思考に及ぼす影響を検討しています。彼らの研究でも、実験参加者はすべて異性と真剣に交際している人です。研究1ではまず、恋人との別れと恋人の死が、死関連

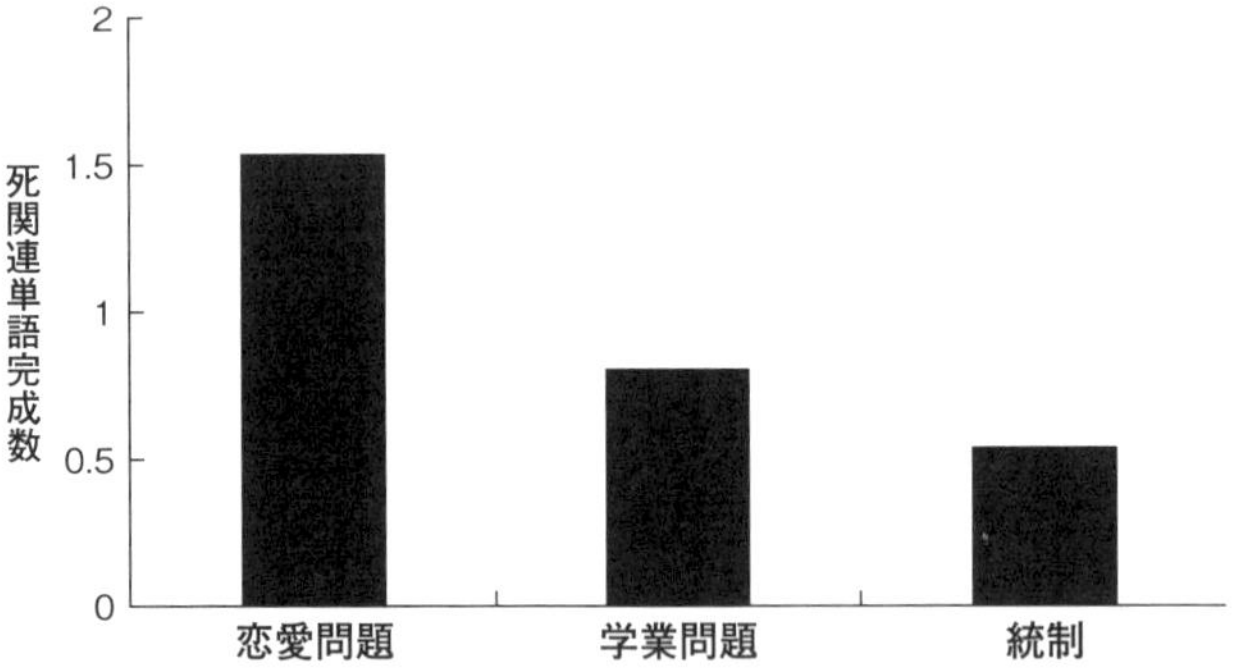

図 26　恋愛関係の問題が死関連単語完成数に及ぼす影響
（フロリアンら，2002，研究3）

思考の接近可能性に及ぼす影響を検討しています。実験の結果、愛着不安傾向が強い場合に、恋人との別れ条件および恋人の死条件で、統制条件（テレビ視聴について考えた条件）よりも死関連単語の完成数が多いことが示されました。恋人との別れ条件と恋人の死条件に差がみられないのは、死関連思考が活性化するのに、相手の生死よりも別れが重要である可能性を示唆するものです。

研究2では、恋人との別れを、知人との別れ、重要な試験での失敗と比較する検討を行っています。ここでも、恋人との別れ条件で他の二つの条件よりも死関連単語の完成数が多いという結果が示されました。ただし、愛着不安傾向が弱い人ではこのよ

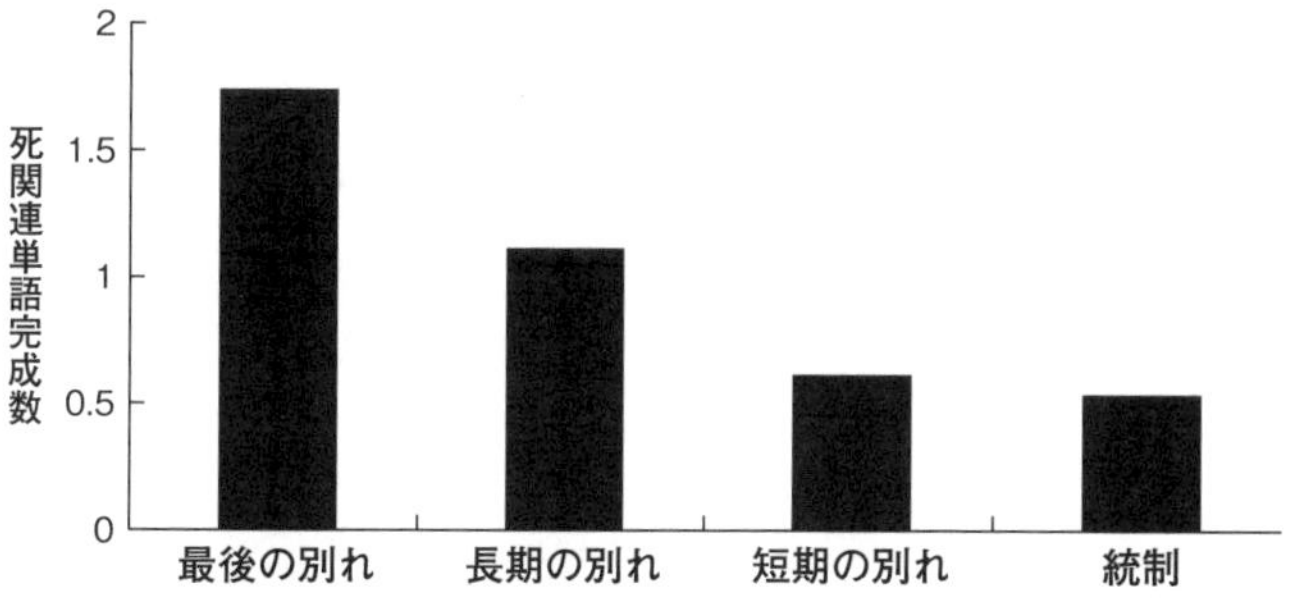

図 27　想像する恋人との別れの長さが死関連単語完成数に及ぼす影響
（ミクリンサーら，2002，研究 3）

うな効果がみられませんでした。知人との別れも多かれ少なかれストレスになるものですので、この結果は、単に別れのストレスで死関連思考が活性化するのではないことを示しています。また、試験の失敗との比較からは、単純に不快事象が原因となって死関連思考の接近可能性が高まっている、という可能性も排除することができます。

研究3ではさらに、別れの長さの影響を検討しました。具体的には、パートナーとの短期の別れ、長期の別れ、最後の別れをそれぞれ考えさせる三つの条件と、比較のための統制条件（テレビ視聴）を設けて、語幹完成課題での死関連単語の完成数を比較しました。その結果、別れの期間が長い条件ほど、死関連単語の完成数が多くなっていました（図27。ただし、愛着不安の差を考慮しない場合の得点です)。研究2同様、このようなパターンは愛着不安傾向の弱い人ではみられませんでした。

ミクリンサーらの研究は、恋人との別れが死関連思考を抑制する効果を持つことを一貫して示しています。愛着不安傾向が低い人では別れの効果がみられませんでしたが、これは、愛着不安傾向が低いことは、自分自身が重要な他者から受け入れられるという自信の強さと関連するためだと考えられます。普段から他者に受け入れられると強く信じることができている人たちには、今回の実験で用いられた別れの操作が十分に強いものでなかったのかもしれません。あるいは、そのような人たちは、重要な他者の存在を自分の中に強く内化して不可分なものと認識しているため、別れの脅威をはねのけることができたのかもしれません。

●子どもを持ちたいという欲求

好きな相手との間に子どもを持ちたいという欲求は、多くの人が持っているものでしょう。存在論的恐怖は、子どもを持ちたいという欲求に影響を及ぼすことが明らかにされています。フリッシェら(二〇〇七)はドイツ人を対象とした実験で、歯科不安条件よりも存在論的恐怖条件で、子どもを持ちたいという欲求が強くなることを報告しています（研究1）。また、死について考えさせる操作は、死関連思考だけではなく、子孫に関する思考の接近可能性も高めていました（研究2）。さらに、子孫について考える条件では、存在論的恐怖が内集団バイアスに及ぼす影響（第2章参照）が消えることを明らかにしました（研究3）。これらの研究知見は、子孫を持つことが象徴的防衛に寄与すること、また存在論的恐怖を緩衝する効果という点では自尊感情と等価である可能性を示唆しています。

ただし、この知見には制限があります。ウィズマンとゴールデンバーグ（二〇〇五）の、オランダ人の男女を対象とした一連の実験がそのことを示しています。彼らは研究1において、存在論的恐怖条件もしくは統制条件に参加者を割り当て、将来何人子どもが欲しいと思うかを回答させました。その結果、男性では持ちたい子どもの数が存在論的恐怖条件で統制条件よりも多くなっていました。しかし、女性ではこのような違いがみられませんでした。研究2では歯科不安との比較でこの知見を再現しました。また、この実験では持ちたい子どもの数を回答した後に文化的世界観の防衛も測定していました。男性では条件間で差がみられませんでしたが、女性では存在論的恐怖条件で、文化的世界観の防衛が強くなっていました。これは、子どもの数について考えることが、男性のみで存在論的恐怖を抑える効果を発揮した（そのため文化的世界観防衛が生じなかった）ということを意味しています。

なぜ、女性では子どもを持つことが不安緩衝効果を発揮しないのでしょうか。ウィズマンとゴールデンバーグは、子どもを持つことが、仕事で成功したいという願望と相克するためではないか、と考えました。自分の能力や技術を生かし、仕事で成功を収めることは、多くの社会で望ましいことと考えられています。また、実際に成功することは高い自尊感情をもたらします。仕事での成功は、文化的世界観の支持と自尊感情の高揚を通して、象徴的防衛を可能にすると考えられます。出産や育児は、この仕事での成功を阻害する要因になりうるものです。仕事と出産・育児の両立がきわめて難しいこと、とくに女性が社会で活躍できるよう支援する社会システムが十分に整備されていないことは、多くの国で長い間問題であり続けています。

この仮説を検証するため、ウィズマンとゴールデンバーグは、研究3において、キャリア志向の個人差によって存在論的恐怖の効果が異なるかを検討しました。男性では、キャリア志向の高低に関係なく、存在論的恐怖は持ちたい子どもの数を増やす効果がありました。一方で、予測通り、女性ではキャリア志向の高低によって、存在論的恐怖の影響が異なっていました。具体的には、キャリア志向が強い女性では、存在論的恐怖条件で、持ちたい子どもの数がより少なくなっていました。一方で、キャリア志向が弱い女性では、そ

表 20　条件ごとの持ちたい子どもの数
（ウィズマンとゴールデンバーグ，2005，研究 4）

	両立不可	両立可能
存在論的恐怖	2.38	2.75
統　　制	2.75	2.05

のような違いはみられませんでした。

さらに研究4では、女性のみを対象として、子どもを持つことと仕事での成功の関係を操作する実験が行われました。死もしくはテレビ視聴について考えた後、半数の参加者は、子どもを持つことと仕事での成功は両立しないという新聞記事を読み、残りの半数は両立しうるという内容の記事を読みました。そして、その上で持ちたい子どもの数を回答しました。結果を表20に示しました。両立不可条件では、研究1および2と同様、存在論的恐怖条件で統制条件よりも持ちたい子どもの数が少なくなっていました。一方、両立可能条件では、存在論的恐怖条件で統制条件よりも持ちたい子どもの数が多いという、対照的な結果が得られました。

研究3および4の結果は、子孫関連の思考が象徴的防衛の手段として用いられるのは、文化的世界観や自尊感情を高める他の事象と競合しないと信じられている場合であること、またそのような信念が操作によって変化させられるものであることを示しています。言葉を換えれば、子どもを持つことの社会的意味づけが重要なのだ、と言うこともできるでしょう。

●親離れの難しさ

さて、前の節で紹介した二つの研究は、自分の子ども、子孫の話題に関するものでした。これは親子関係の一側面をとらえたものです。では、逆の側面から見たとき、つまり自分が子どもの立場に立ったとき、親の存在は不安緩衝装置として機能するのでしょうか？前述のミクリンサーら（二〇〇三）の議論に基づけば、機能すると言えそうです。しかし一方で先述のように、オリジナルの存在脅威管理理論では、人は幼いときには養育者の提供する保護に頼るものの、発達の過程で養育者の存在が絶対的でないことに気づき、自尊感情と文化的世界観による防衛に「乗り換える」とされていました。この主張からは、成人を対象にする場合、親は不安緩衝装置として機能しないという予測が導かれます。どちらの主張がより確からしいのでしょうか。

現在の研究では、前者の立場を支持する結果が得られています。コックスら（二〇〇〇八）は、大学生を対象として、親の存在の不安緩衝効果を検討する一連の研究を行っています。まず研究1では、実験参加者は最初に死もしくは歯科不安について考える操作を受けました。そしてその後、母親との肯定的なやりとりの経験（評価するのでなく、あるがまま受け入れてもらえたような経験）、否定的なやりとりの経験、知人のこと、知人から肯定的な意見を受けとった経験のいずれかについて考え、その上で死関連思考の接近可能性を測定する語幹完成課題に回答しました。母親・肯定条件でのみ、死について考えた後でも死関連思考の接近可能性は高まっていませんでした（図28）。これは母親との肯定的な関係が、死関連思考を抑制することを示唆しています。

研究4および研究5では、存在論的恐怖が母親に関する認知に及ぼす影響について検討が行われています。研究4では、参加者は研究1と同じ手順で、存在論的恐怖の操作と母親との肯定的もしくは否定的なやりとりの経験を思い出す課題を行いました。その上で、その経験がどのくらい思い出しやすいものだったかの評定を行いました。全体として、肯定的なやりとりの経験が、否定的なやりとりの経験よりも思い出しやすかったと評定されていました。また、存在論的恐怖条件では、肯定的なやりとりの経験はより思い出しやすく感じられ、対照的に否定的なやりとりの経験はより思い出しにくかったと評定されていました。研究5では、存在論的恐怖条件で、自分の親（男性参加者の場合は母親、女性参

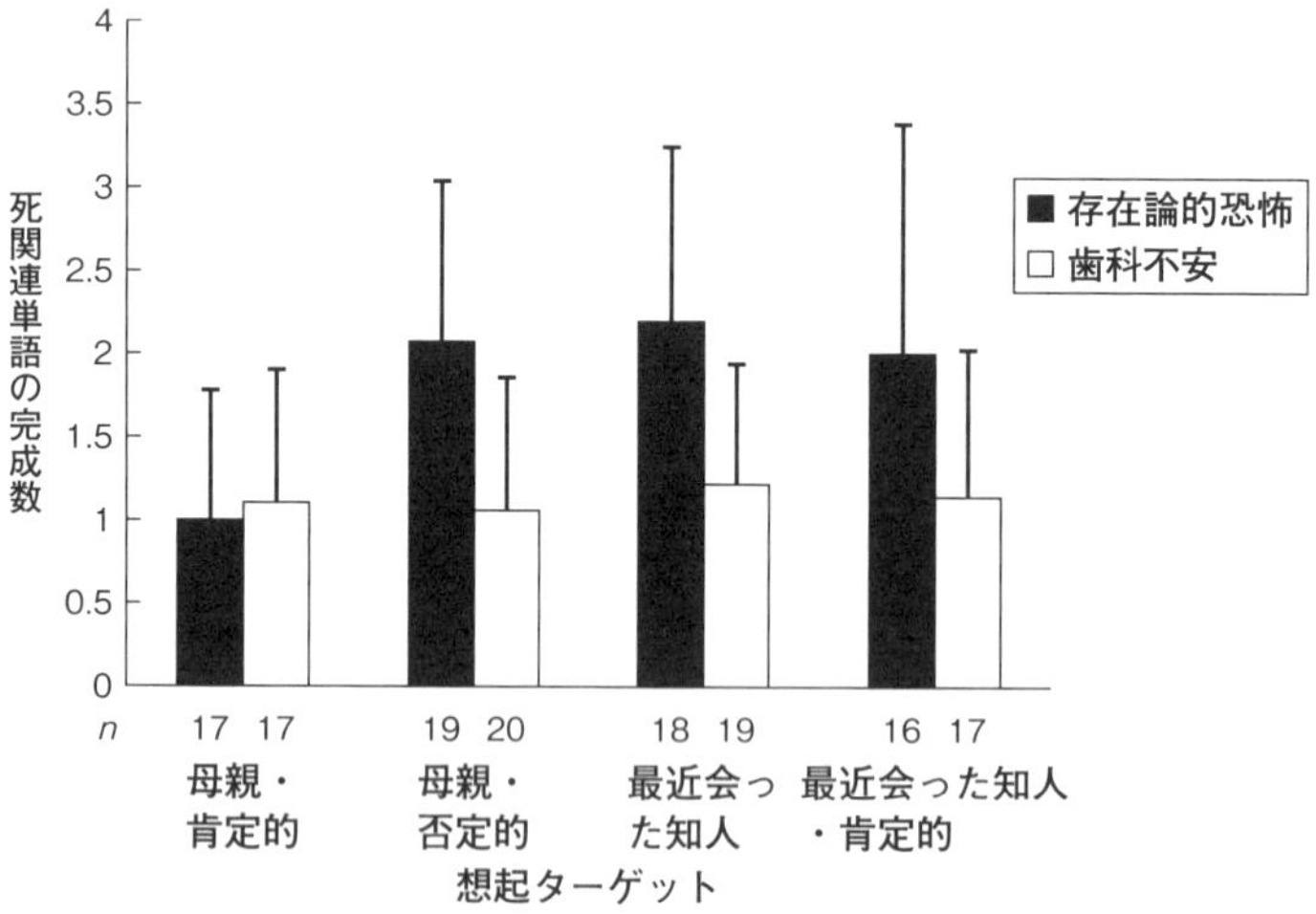

図 28　存在論的恐怖と想起ターゲットごとの死関連思考の接近可能性
（コックスら，2008，研究 1）

加者の場合は父親）と似た実験パートナーの評価がより好意的で、実験課題中にその人物のより近くに着席するようになること（近接性を求めること）が示されています。この二つの研究は、存在論的恐怖が自分の親との関係の希求を強めることを示しています。コックスらの研究は、成長した後でも親子関係が不安緩衝装置として機能することを一貫して示しています。成人後もなかなか親離れができない、という人がいますが、その原因の一部には、親子関係から得られる不安緩衝効果があるのかもしれません。

●友人関係の希求

フロリアンやミクリンサーら、存在脅威管理理論の観点から関係性研究を開始した研究者たちは、成人期愛着の研究者でもありました。成人期愛着は主に親密（とくにロマンチック）な対人関係を問題とするものです。そのため、これまで紹介してきたように、恋愛関係の不安緩衝効果に関する研究が盛んに行われてきました。子どもへの態度や親子関係に関する研究も、血縁に関するものですので、恋愛関係と関連が深いものと言えるでしょう。

それでは、不安緩衝装置として機能するのは恋愛関係だけなのでしょうか？　ミクリンサーらの議論を詳しく見ていくと、他の関係も不安緩衝装置として機能すると考えることができそうです。ミクリンサーらは、恋愛関係が象徴的不死概念を与える理由として、まず繁殖を通じて子孫の中に自分が残る、という点を挙げていました。確かに、繁殖は異性間の恋愛でなければ不可能です。しかしながら、先に取り上げたウィズマンとゴールデンバーグ（二〇〇五）は、子を持つことそのものが必ずしも不安緩衝装置として機能しないことを示しています。女性において、子を持つことが不安緩衝装置として機能するためには、仕事の成功と両立可能であるという認識が必要であったことから、子を持つことの繁殖の側面よりも、社会的な意味づけの側面が重要であるということが指摘できます。ウィズマンとゴールデンバーグで取り上げられたのは「子どもがキャリアでの成功を邪魔しない」という消極的な意味づけでしたが、より積極的なものを考えることができます。たとえば子孫の記憶の中に残る、子孫に自分の知識や技術、あるいは考え方を伝えるというものです。しかし、そのような社会的側面は、恋愛関係あるいは繁殖に限られたものではありません。たとえば、著者は講義や演習に出席している学生の中に、自分の教えたことが何らかの形で残っていくと信じることができます（実際にそうあってほしいものです）。

二点目に、彼らは社会的実体を感じさせるという側面について挙げていました。これも恋愛に限らず、友人関係や師弟関係といった対人関係、また、職場での同僚との関係、趣味のサークル仲間等といった集団内での関係からも得られるものです。何らかの目標や活動を共有する関係であれば、社会的実体を感じることはできると考えられます。

最後に情熱的愛情という部分については、人間らしい二次感情の経験による動物性の否定という解釈を一一〇頁で述べました。恋愛で感じる愛情もそのような二次感情の一つです。しかしながら、他のさまざまな対人関係で思いやり、共感、同情、感謝等を経験することも、同様に人間らしさを感じさせてくれるものです。

このようにミクリンサーらの挙げた点を個々に検討していくと、恋愛関係以外のさまざまな対人関係が、象徴的不死の基盤となる可能性を指摘できます。このような議論に基づいて、近年、存在論的恐怖が友人関係、とくにその維持に関わる反応に及ぼす影響が検討されています。親しい友人関係はとくに個人にとって重要な社会的意味を持つものであり、象徴的不死の基盤となると考えられます。親友について考える場合に、存在論的恐怖の逸脱者への反応に対する影響がみられない、というコックスら（二〇〇八）の研究知見も親しい友人関係が存在論的恐怖を緩衝する効果を持つ可能性を示唆しています。

友人との間での謙遜

本書冒頭でも述べたとおり、人は自尊感情を強く求める傾向を持っています。存在脅威管理理論もこの傾向を説明するために提出された理論でした。自尊感情を高めたり維持したりするためには、自分の良いところを認識し、それを周囲に対してアピールすることが有効な方法です。しかしながら、そのような行為は対人関係を悪化させる危険をはらんでいます。他者の自尊感情を傷つけたり、妬み感情を抱かせたりしてしまうためです。

そうした対人関係への悪影響を避けるため、私たちは自分のことを実際に思っているよりも否定的に語ったり、全力を発揮することを避けたりするという形の謙遜を行います。ホワイトら（二〇〇二）は、実験パートナー（サクラ）が課題に失敗するのを眼の前で目撃した実験参加者は、見ていない参加者よりも成績が悪くなることを示しています。さらに、このような傾向は実験パートナーが感じの良い人物（つまり関係を維持したいと思える相手）である場合にのみみられました。これらの結果は、パートナーへの配慮から手加減をしているために生じたものと解釈されています。また、村本と山口（一九九四）は、個人的な成功の原因を外的要因（運）に求める人物が、内的要因（能力）に求める人物よりも肯定的に評価されることを示しています。これら研究結果は、謙遜が対人関係の維持に寄与することを示しています。

友人関係が不安緩衝装置としての働きをするのであれば、存在論的恐怖は友人関係への希求を強め、結果謙遜反応も強まると考えられます。ワキモト（二〇〇六、研究1）は、成功を題材としてこの点を検討しました。友人と競争する場面での成功は、その友人との関係に悪影響を及ぼす可能性があります。そのため、友人関係の維持が動機づけられる状況では、成功の価値を減じるような形の謙遜反応が生じると考えられます。ワキモトの実験では、参加者は対人志向性（他者に注意を向けやすい傾向）の質問紙に回答し、その上で存在論的恐怖条件もしくは統制条件（余暇の活動について考える条件）に割り当てられ

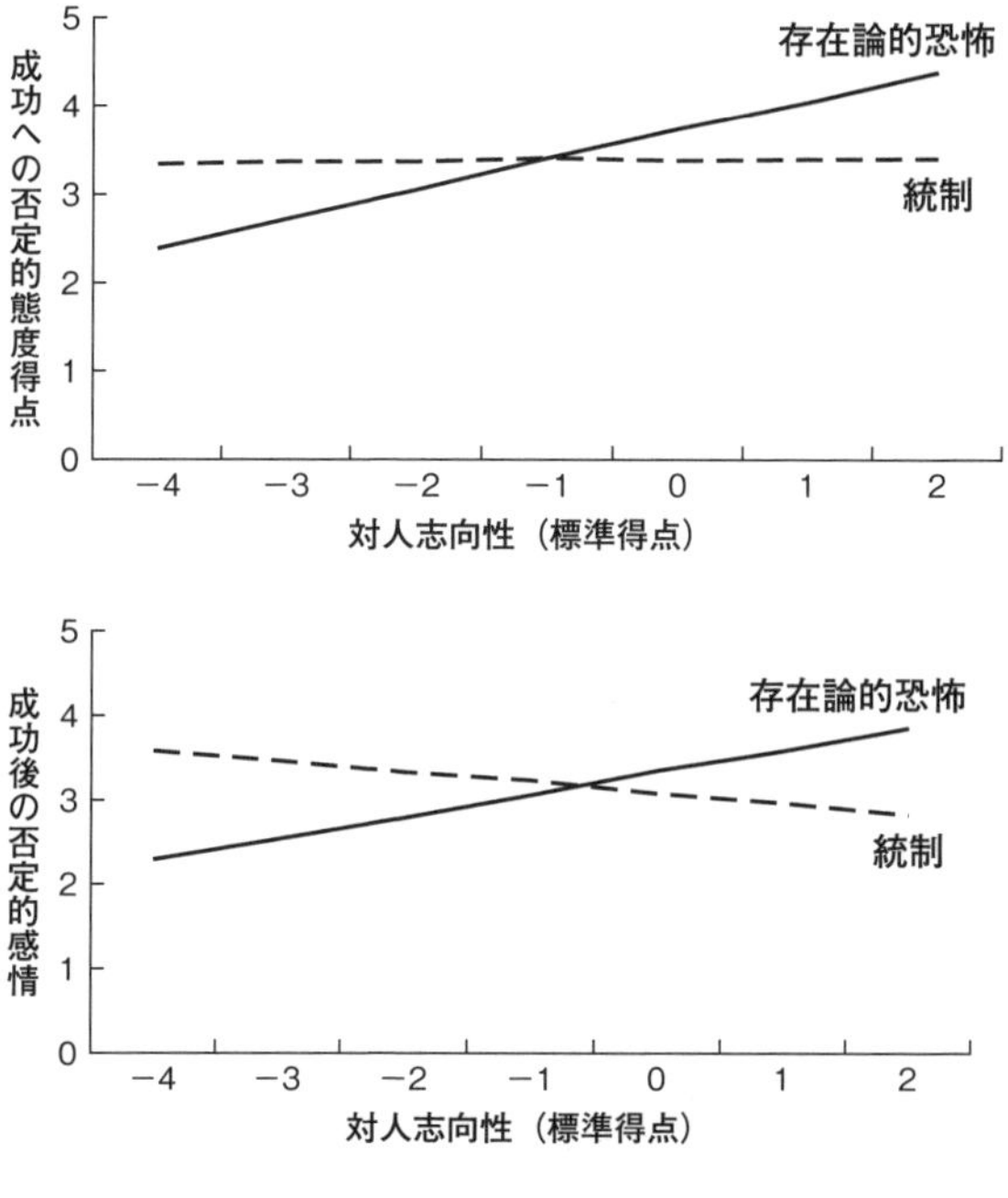

図 29　存在論的恐怖と対人志向性が成功に対する否定的態度（上段）と成功後の否定的感情（下段）に及ぼす影響（ワキモト，2006，研究 1）

ました。続いて成功への否定的態度の質問に回答し、その後、成功場面に関する仮想のシナリオを読みました。このシナリオでは、主人公が同級生と成績（とその結果得られる奨学金）を競って勝ったという成功場面が描かれていました。参加者はその状況で、その主人公が成功に対してどのように感じると思うかを回答しました。

結果は図29のようになりました。対人志向性が平均（標準得点なのでゼロ）よりも高い範囲では、存在論的恐怖条件で統制条件（余暇について考える条件）よりも、成功への否定的態度、成功後の否定的感情ともに高くなっていました。これらは、存在論的恐怖が謙遜を通じた友人関係の維持を動機づけていることを示唆する結果です。

友人との記憶

他者との関係を維持するかどうかの判断に、その人物との間で生じた出来事の記憶は大きな影響を与えます。良い出来事のほうが意識されれば関係を続けたいと思うでしょうし、逆に嫌な出来事が思い浮かべば、関係を続けることに消極的になるでしょう。

また、自伝的記憶は事実の正確な記録ではなく、想起するときに再構成されるものです（高橋 二〇〇〇）。そして、そのような再構成は想起者の動機や目標の影響を受けます（ウィルソンとロス 二〇〇一、カーニーとクームズ 二〇〇〇）。そのため、存在論的恐怖によって友人関係への希求が強まると、それは友人との出来事の記憶にも影響を与えると考えられます。

ワキモト（二〇一一）は、出来事の主観的時間的距離に着目した検討を行っています。主観的時間的距離とは、過去の経験がどれくらい近くあるいは遠くに感じられるかという主観的な感覚です。まず、研究1では友人から何か良いことを言ってもらったり、してもらったりした出来事（肯定的働きかけ）の主観的時間的距離と友人関係満足度の関連を三つの調査で検討しました。その結果、そのような経験の主観的時間的距離が短いほど、関係満足度が高いという結果が得られました。これは、肯定的な経験を現在に近く感じるほど、現在および将来の関係の良好さや継続性に対する期待を高めることができるからだと考えられます。

この結果を受けて、研究2では研究1同様友人からの肯定的働きかけ、研究3では自分が友人に行った肯定的働きかけと否定的働きかけの主観的時間的距離に、存在論的恐怖が及ぼす影響を検討しました（表21）。親友からの肯定的働きかけ、親友への肯定的働きかけの双方が、存在論的恐怖条件で統制条件（余暇について回答）よりも近くに感じられていました。存在論的恐怖条件では、友人との間で生じた肯定的な経験を主観的に近くに引き寄せ、関係の継続性や良好さの期待を高めるという反応が生じていたのだと考えられま

表21　実験条件と経験の種類ごとの主観的時間的距離
（ワキモト，2011，研究2，3）

		存在論的恐怖	統制
研究2	親友からの肯定的働きかけ	52.26	75.62
研究3	親友への肯定的働きかけ	39.65	65.34
	親友への否定的働きかけ	68.40	67.70

最大値は160（研究2），163（研究3）。

す。一方で、親友への否定的働きかけについては、条件間で差がみられませんでした。否定的な経験は関係継続の期待を高めることに寄与しないため、存在論的恐怖の影響を受けなかった可能性があります。あるいは、この研究で問題にしたのは親しい友人関係であり、少々の否定的行為が関係の悪化にただちに影響するものではなかったという解釈も考えられます。

●関係性に関する知見をいかにとらえるか？

第6章では、存在脅威管理理論に基づく関係性研究を紹介しました。これまでの研究では、自尊感情や文化的世界観同様、恋愛関係や親子関係、友人関係といった関係性が存在論的恐怖を緩衝する効果を持つことが示されています。また、存在論的恐怖が顕現化する状況において、人はさまざまな方法で対人関係を形成しようとしたり、維持しようとしたりすることも明らかにされています。これは、存在脅威管理理論が当初想定していた、発達の過程での関係性から文化的世界観・自尊感情への乗り換えとは異なる研究知見です。関係性と文化的世界観・自尊感情の関係をどうとらえるかという点は、存在脅威管理理論の研究者の間でも議論があるところです。

ミクリンサーら（二〇〇三）は、親密な関係性そのものが不安緩衝装置であるという立場をとっています。同様にワキモト（二〇一一）も、友人関係が自己拡張の感覚や死後も人の記憶に残るという信念を与えることで象徴的不死の基盤になると主張しています。

一方で、ピジンスキーら（二〇〇四）は、関係性はあくまで、自尊感情の高揚や文化的世界観防衛の手段である、と主張しています。確かに良い対人関係を築き、他者から承認されることは、自尊感情を高める効果を持ちます。また、多くの文化で、交友関係の広さや豊かさ、他者と調和的にやりとりする技能などは、重視されるものです。ピジンスキーらの主張は、関係性そのものは文化的不安緩衝装置として機能するわけではなく、自尊感情の高揚や文化的世界観支持を通して、間接的に存在論的恐怖を和らげるというものです。コスロフら（二〇一〇、研究1）の知見はそのような議論を支持するものです。彼らは、身体的に魅力的だが異なる宗教を信じている異性と、身体的魅力は平均的だが同じ宗教的価値観を持つ異性への評価に存在論的恐怖が及ぼす影響を検討しました。身体的魅力は自尊感情に寄与する特性（魅力的な異性と付き合っていると自慢できる、ということです）で、宗教が同じであることは文化的世界観を支持する意味を持つ特性です。参加者は存在論的恐怖もしくは身体的苦痛について考えた後、それぞれの異性ターゲットに対して、短期的な関係もしくは長期的な関係の相手としてどの程度興味があるか（項目例「この人についてもっと知りたい」）を評定しました（厳密には、一人の参加者は短期か長期いずれか一つの文脈で、二人のターゲットを評定しています）。

その結果、短期的な関係については、存在論的恐怖条件で、身体的苦痛条件よりも、身体的に魅力的で宗教が異なる異性への興味が高くなっていました。一方で、長期的な関係の場合には、身体的魅力が平均的で同じ宗教の異性への興味が、存在論的恐怖条件で高くなっていました（図30）。

もっとも、ミクリンサーらやワキモトも、そのような間接的な経路による影響があることは認めています。したがって、問題は関係性が直接的に文化的不安緩衝装置として機能するか否か、文化的世界観や自尊感情と等価な効果を持つかという点になります。

このような点を検証する一つの方法は、自尊感情の高揚と関係性希求が両立しない状況で、どのような反応が生じるかを検討することです。この章で紹介した、ヒルシュバーガーら（二〇〇三）の研究結果はそのような研究と考えることができます。彼らの研究では、

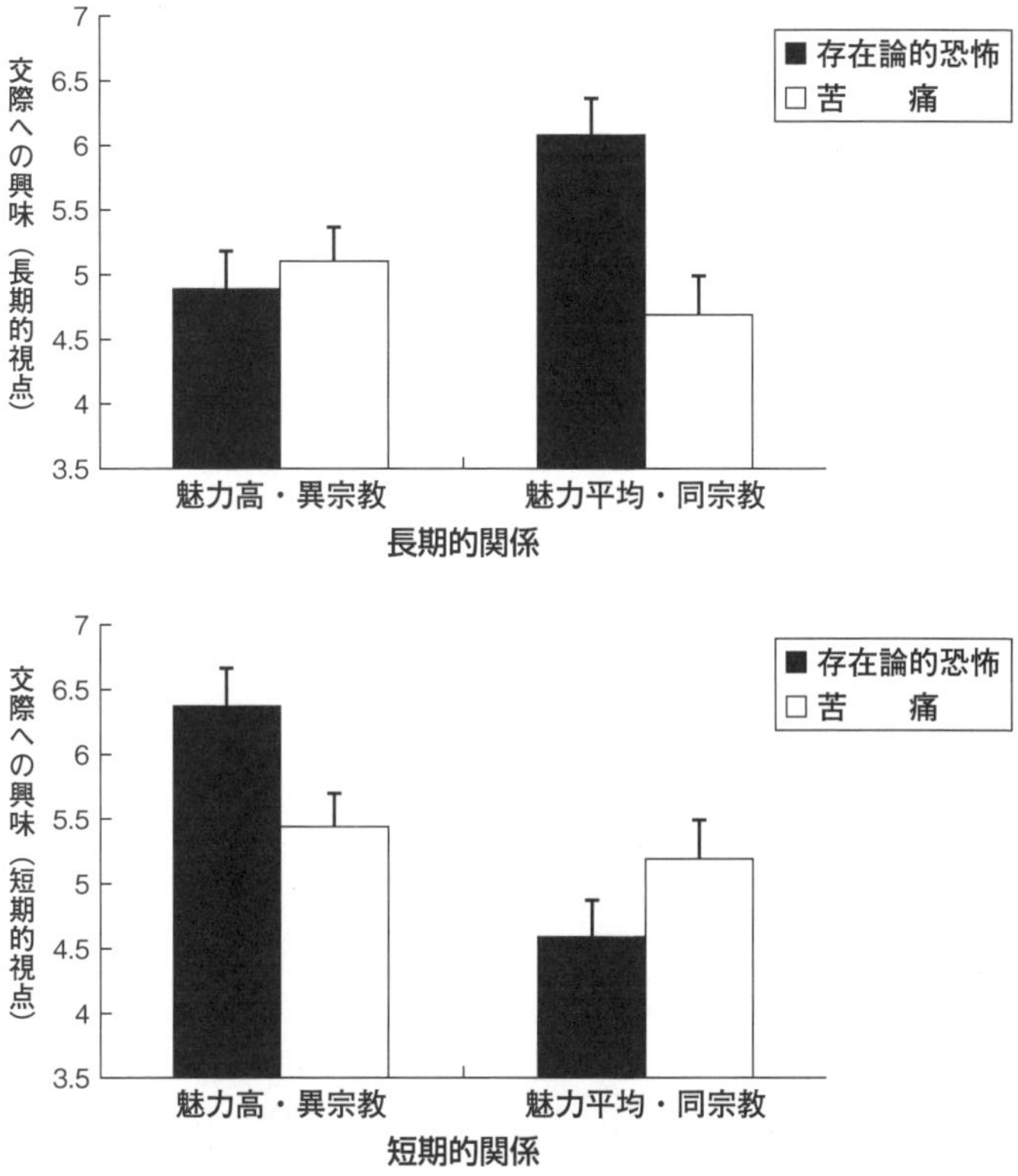

図 30　実験条件およびターゲットごとの交際への興味
（コスロフら，2010，研究 1）

恋人から行動への文句や人格の批判を受けるような状況でも、存在論的恐怖はそれらの対象へのコミットメントを高めていました。文句や人格の批判は自尊感情を傷つける可能性のあるものです。それにもかかわらず関係性を求めるということは、不安緩衝装置として関係性が優先的に機能しうることを示すものです。また、ヒルシュバーガーら（二〇〇二）の、存在論的恐怖が配偶者に求める基準の妥協を促すという知見も同様に解釈できます。実際に、彼らの研究では、妥協後に罪悪感や恥といった、自己に対する否定的な感情が生じることが示されています。

また、関係性が文化的世界観や自尊感情による防衛と等価な効果を持つのであれば、関係の良好さについて考えた後には、存在論的恐怖は文化的世界観防衛反応や自尊感情希求反応に影響を及ぼさないはずです。関係性で存在論的恐怖が先に緩衝されてしまうので、他の不安緩衝装置を働かせる必要がなくなるからです。この点について、規範からの逸脱者に対する評価との関連を検討した研究が複数行われています。第3章で論じたとおり、逸脱者は文化的世界観の妥当性を脅かします。そのため、存在論的恐怖は逸脱者の評価をより否定的にする方向で作用します。しかし、フロリアンら（二〇〇二、研究2）は、ロマンチック・コミットメントについて考えた後には、存在論的恐怖は逸脱者への評価に影響しないことを示しています。さらに、先述のようにコックスら（二〇〇八、研究2）も、母親もしくは親友について考えた後には、存在論的恐怖の逸脱者評価への影響がみられないことを報告しています。これらの結果は、恋愛関係、母親との関係、親友との関係が存在論的恐怖を十分に緩衝することができたため、後続の逸脱者への評価（文化的世界観の防衛）への影響がみられなかったことを示唆しています。これは、文化的世界観防衛と関係性が、存在論的恐怖の緩衝という点から等価であることを示唆する結果です。

ここまで、存在論的恐怖が顕現化する状況で、人が自尊感情を犠牲にしても関係性希求を行う場合もあること、また関係性について考えることが、文化的世界観や自尊感情と等価な不安緩衝効果を持つことを示唆する研究を見てきました。これらは、関係性が直接的な不安緩衝効果を持つ、という主張を支持するものです。

●不安緩衝装置の緩やかな関連づけ

現在までの研究知見を総合すると、人は自尊感情を犠牲にしてでも関係性を希求することがある一方で、自尊感情を高めたり、文化的世界観の合意的妥当化を行ったりすることの手段として関係性を利用する場合もある、ということになります。このような研究知見に照らせば、関係性が直接に不安緩衝効果を発揮しつつ、他の緩衝装置を通した間接的な

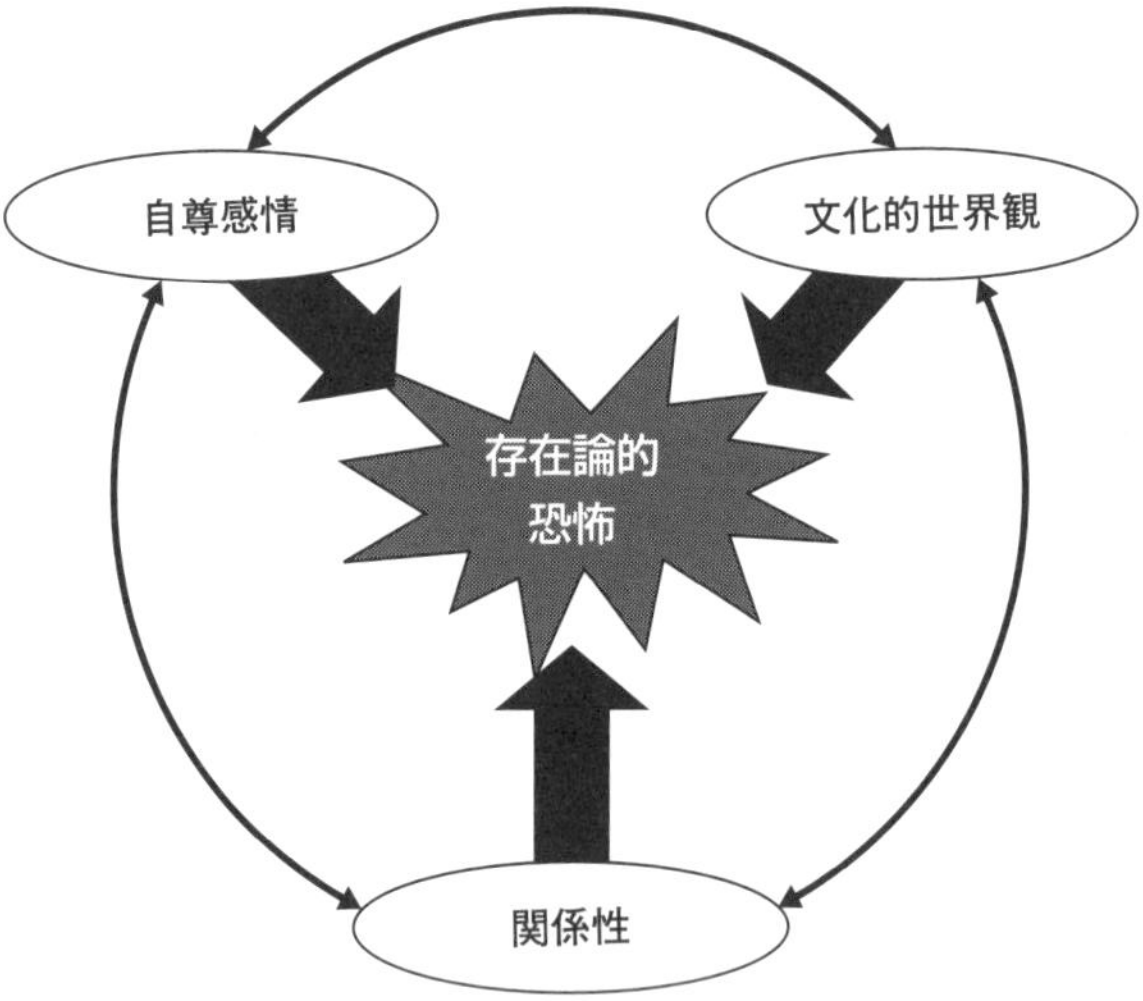

図31　ハートら（2005）のモデルの概念図

影響を持つ、と考えるのが妥当だと考えられます。

このような緩やかな結合を想定するモデルを、ハートら（二〇〇五）が提出しています。彼らのモデルでは、関係性、自尊感情、文化的世界観を、不安を制御する心的システムの要素であると考えます。そして、それらの要素は機能的に等価であり、また互いに関連していることが想定されています（図31）。ハートらのモデルは非常に緩やかな結合を考えるもので、要素間の相互関係を突きつめるという点からは十分ではない、という批判もあるかもしれません。しかしながら、現状の研究知見を整理するという点では、有用なモデルだと考えられます。

また、このモデルでは、三つのうちどの要素を用いやすいかの個人差や状況差について も論じています。彼らが取り上げたのは愛着不安と愛着回避です。愛着不安とは、親や恋人など重要他者との関係において、自分が愛されないのではないかという不安を感じ、他者に過剰に依存する傾向です。一方、愛着回避とは、他者の愛情を信じず、親密さを回避する傾向です。存在脅威管理理論の原型となったベッカー（一九七三／一九九七）の理論では、人間が養育者や社会システムなど庇護を与えてくれるものへの同化とそれからの離脱という、二つの矛盾する衝動を発達させると考えていました。ハートらは、愛着不安が同化、愛着回避が離脱に対応すると考え、そのため愛着不安と回避が心的脅威への反応を調節すると考えました。具体的には、愛着不安の強い人は文化的世界観による防衛を行う傾向が強いと予測しました。一方で愛着回避に関しては、自尊感情による防衛を行う傾向と関連すると予測しています。自尊感情は他者から自己を切り離し、競争することによって獲得する側面があるからです。彼ら自身による実験では、これらの予測を支持する結果が得られています。

第6章では、存在脅威管理理論に基づく関係性研究について論じてきました。現在までに、存在論的恐怖は新しい関係の形成や、すでに存在する関係の維持や親密化を促進する効果を持つことが明らかにされています。また、恋愛関係や親子関係、友人関係について意識することは、死関連思考の接近可能性を低減する効果を持ちます。これらは、関係性が存在論的恐怖への対処に強く関わることの証左です。関係性が不安緩衝装置として着目されたことは、自尊感情と文化的世界観を含め、不安緩衝装置の相互関連に関する議論を盛んにしたという研究史上の意義を持ちます。この相互関連の部分については、個人差や文脈の影響を考慮しつつ、今後さらに検討を行う必要があります。

第5章および第6章では、近年存在脅威管理理論からの研究が進んでいる、新しいトピックについて扱いました。存在脅威管理理論に基づく研究はこのように展開を続けているのですが、当然その中で自尊感情の機能に関する代替説明や、理論に対する批判も生まれてきました。その中でとくに重要なものは、進化心理学に基づくものです。第7章では、そうした代替説明や批判について見ていきます。それらについて考える場合にも、関係性という点がキーワードになります。

7・ソシオメーターおよび進化心理学的視点との関連

第6章まで、存在脅威管理理論とそれに基づく研究を紹介してきました。それらの研究では、存在脅威管理理論の基本仮説を支持する結果が得られています。しかしながら、自尊感情の機能に関する異なる観点からの説明や、理論に対する批判も存在します。その中でとくに重要なのは、進化心理学的視点に関わるものです。第7章では、別解釈を呈示する理論や進化心理学からの批判を概観した上で、存在論的恐怖の主張や知見がどのようにそれらと関連づけられるかを考えます。

●ソシオメーター理論と進化心理学的視点

存在脅威管理理論との対比で頻繁に取り上げられるのが、ソシオメーター理論です（リ理理論とは異なる観点から自尊感情の機能を説明します。その説明とは、自尊感情は、他者との関係の良好さを反映する主観的指標である、というものです。

まずは、この主張の前提となる、進化心理学の基本的な考え方を確認しましょう。進化心理学は文字通り、人間の心がどのように進化してきたかを探究する研究分野です。心の進化がどのような環境で起こったか、そして、ある心の性質を持つことが、どのようにその環境での生存や繁殖に寄与したかを考えます。進化という単語は、弱肉強食という言葉と結びつけられがちですが、そのような考え方は短絡的すぎて正しくありません。何が生存と繁殖に有利であるかは環境によって大きく異なり、闘争能力の高さが必ずしも有利には働かないからです。

現在では、人間の心が進化してきた環境とはまったくの野生環境ではなく、一〇〇名から一五〇名程度の個体が集まった集団（バンド）であったと考えられています（亀田と村田 二〇〇〇）。そのような環境で、個体の生存や繁殖にとって重要であったことの一つは、いかに他の個体と良い関係を築き、協力し合える状態でいるか、という点だったと考えられています。たとえば、食糧確保に関して、自分がけがや病気で動けないとき、他の個体と良い関係が築けていれば、その個体が獲ってきた食糧を分けてもらえる可能性は高くなります。また、自然環境では人間よりも強大な力を持つライオンのような捕食獣がいます。そのような捕食獣に一人で打ち勝つのは至難の業ですが、多くの個体が協力すれば、撃退に成功する確率はより高くなります。また、繁殖に関しても、集団に受け入れられ、多くの個体と接触できるほうが配偶者に出会える可能性は高くなりますし、子育てに関しても協力が得られやすくなるでしょう。

このように、他者との協力関係は生存や繁殖にとって重要であったと考えられます。そのため、人間の心は、他者との協力関係の形成・維持に適するように進化してきたと考えられています。協力関係の形成・維持を行うためには、集団に所属したいという所属欲求と、自分がどの程度集団の他者に受け入れられているかあるいは拒絶されているか（正確には、自分がどれくらいそれに値するか、という主観的な関係価）を把握し、それに応じた行動を生じさせるような心のメカニズムが必要です。リアリーら（一九九五）は、そのような関係価の監視メカニズムをソシオメーター（sociometer）と名づけました。そして、自尊感情（とくに出来事に応じて短期的に変動する状態的自尊感情）は、このソシオメーターが関係価に応じて出力するものだと主張しました。これが、冒頭で述べた、自尊感情は他者との関係の良好さを反映する主観的指標である、ということの意味です。「人はなぜ自尊感情を求めるのか」という問いにソシオメーター理論から答えるとすれば、「人は自尊感情そのものではなく、所属を求めているのだ」ということになります。

●関係価と自尊感情の関連

それでは、関係価と自尊感情はどのように関連するのでしょうか。まずは状態的自尊感情について考えましょう。状態的自尊感情は、関係価に関する情報（他者からの受容や拒絶）に応じて変化するものです。もっとも単純な関係は、図32上側に示したような、直線的な関係でしょう。しかし、実際にはもう少し違う関係の様態をとることがリアリーら（一九九八）により明らかにされています。

彼らは、四つの研究で、程度の異なる受容・拒絶のフィードバックを与え、それに応じて状態的自尊感情がどのように変化するかについて検討しました。その結果、一貫して図32の下側のような関係がみられました。この関係はS字曲線であることが一つの特徴です。また、中性よりも少し関係価が低い領域（下の図の左側のアミカケ部分）で状態的自尊感情は最低となり、それ以降はいくら関係価が下がっても変化しないことが読みとれます。さらに、ある程度以上に関係価が高い領域（下の図の右側のアミカケ部分）でも、やはり関係価の値によらず、状態的自尊感情の値が一定であることが示されています。

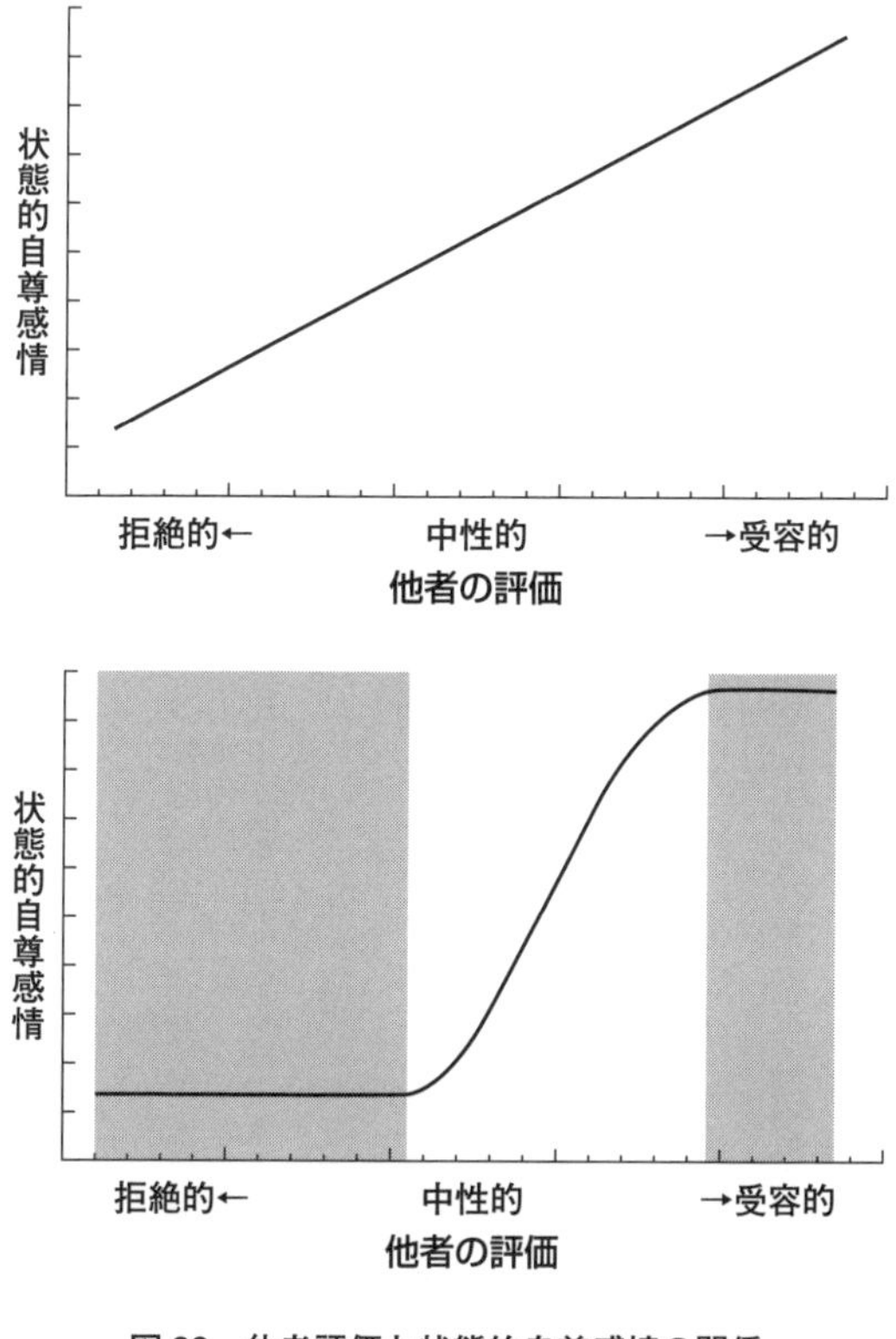

図 32　他者評価と状態的自尊感情の関係
上は直線関係，下部はリアリーら（1998）で得られた関係を模式的に示したもの。

リアリーらは、関係価を監視する意味、という点からこの関係を説明しています。他者から少し拒絶されてしまうと、その関係から得られる資源は大きく減少してしまい、強く拒絶されている場合とあまり変わらなくなってしまいます。よほどの博愛主義者でない限りは、少し嫌いな人にも大嫌いな人にも、やさしくしたり助けたりしようとは思わないでしょう。同様に、ある程度以上受容されていれば、十分な心的、物質的な資源を得ることができるはずなので、それ以上関係価の監視をする必要はない、というのが彼らの主張です。

次に、特性的自尊感情（個人の比較的安定した特性としての自尊感情）について考えましょう。状態的自尊感情が、関係価の値に応じて変化する指標のようなものであるならば、特性的自尊感情は、ソシオメーターの指している初期値と考えることができます（リアリー 二〇〇四b）。これを図33に示しました。上側は特性的自尊感情が高い人、下側は特性的自尊感情が低い人の模式図です。初期値の違いは、拒絶や受容情報への反応の違いに結びつくと考えられます。特性的自尊感情が高い人は、もともと関係価を高く見積もっているので、多少拒絶されても状態的自尊感情が危機的水準まで低下しにくいと考えられます。一方、特性的自尊感情の低い人は、初期値ですでに拒絶されるかもしれないという不安を抱えているわけですから、拒絶情報に敏感に反応すると考えられます。

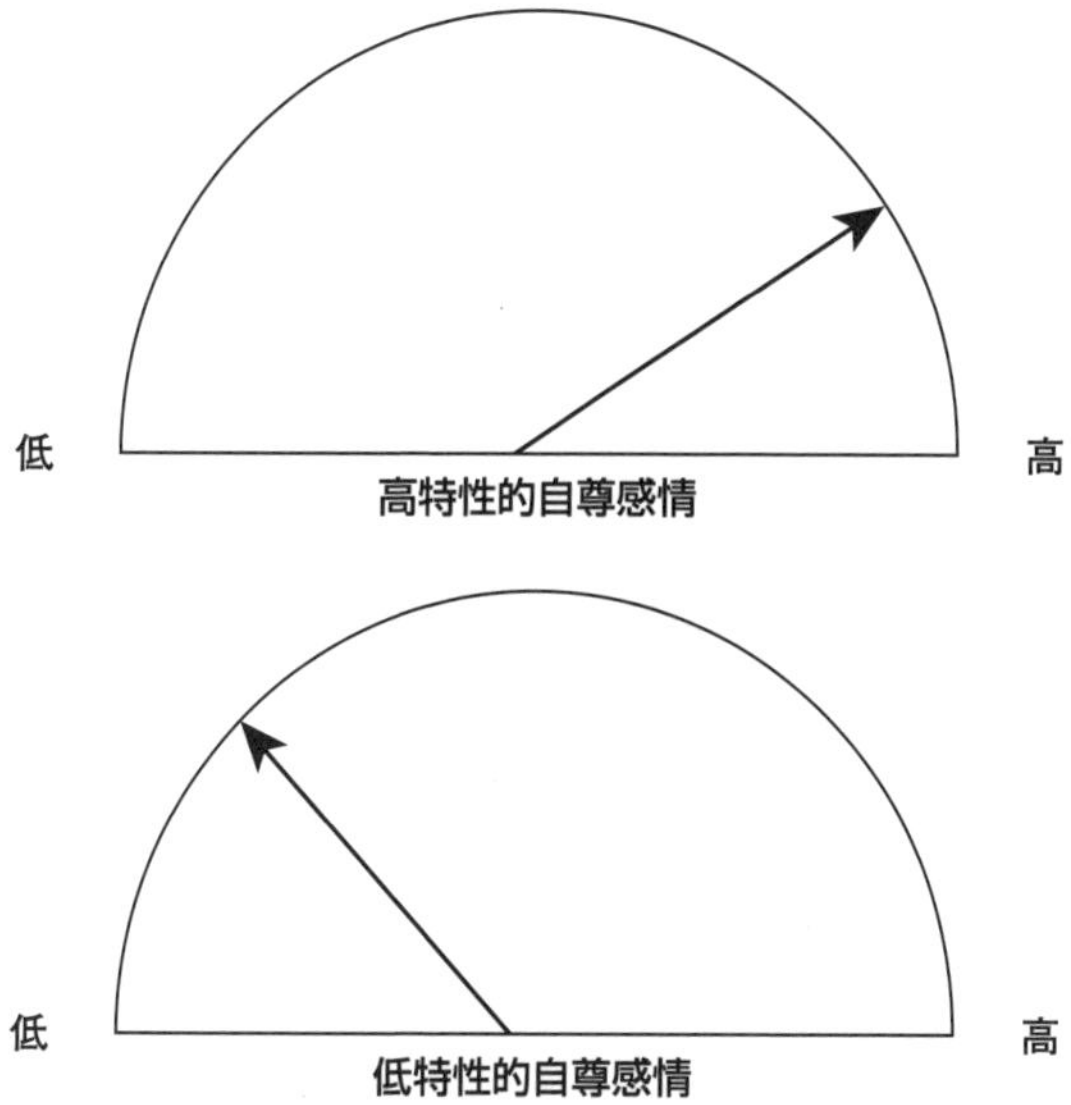

図 33　メーターで特性的自尊感情を表現した模式図
（リアリー，2004b）

遠藤と阪東（二〇〇六）はこの点を検討する実験を行っています。彼女らは、人に物事を依頼して曖昧な返事（ただし実際には依頼は受容されています）が返ってきた場合の反応が、特性的自尊感情の高低によって異なるかを検討しました。その結果、特性的自尊感情が低い群では高い群よりも、曖昧な受容情報を否定的に解釈し、ネガティブな感情を強く経験することが示されました。これは、ソシオメーター理論の特性的自尊感情のとらえ方と整合するものです。

●ソシオメーターの誤作動

状態的自尊感情が関係価のメーターであるというアナロジーは、自己認知や自尊感情にまつわるバイアスを説明する上でも有効です。

たとえば、人間の自己認知は肯定的な方向に歪んでいることが知られています。これは、実際の関係価よりもメーターが高い値を示している、という形の誤作動です。ある程度の肯定的歪みは精神的健康に寄与するという効果もありますが（テイラーとブラウン 一九八八）、それが行きすぎた状態には大きな問題があります。行きすぎた状態とは、つまりナルシシズムです。

ナルシシズムの強い人は、現実に基づかず自己を極端に肯定的に評価することが知られています（バウマイスターら 一九九六）。また、ナルシシズムの強い人は、対人関係で問題を抱えやすいことも知られています。ナルシシズムの高い人のソシオメーターは、高いところで止まったままで、関係価が低下しても針が動かない状態に例えることができます。主観的に関係価は高いままなので、他者からの拒絶の危険性を感知し適切に反応することができず、それが対人関係の問題につながるのでしょう。ナルシシズム傾向の強さが、他者への無関心さと関連するという知見（ウィンク 一九九一）は、このソシオメーターからの解釈と整合します。

●進化心理学的視点と存在脅威管理理論

ここまで見てきたように、ソシオメーター理論は、自尊感情の機能について、存在脅威管理理論とは異なる説明を行っています。また、ソシオメーター理論の説明は、進化心理学的視点との整合性が高い点でより優れている、と主張する研究者もいます（リアリーら 二〇〇四a）。

他方で、存在脅威管理理論は、いくつかの点で進化心理学的視点と整合的でない、という批判を受けてきました。たとえば、存在脅威管理理論は生存という点を過度に強調し、繁殖を無視している（バス　一九九七）という批判です。存在脅威管理理論が存在論的恐怖という死関連の問題を中心概念としていることから、このような批判がなされるのだと考えられます。この点について、ソロモンら（一九九七）は、個体が繁殖能力を持つまで生存し、成熟しないと、繁殖が叶わないことを指摘して反論しています。加えて、長生きすればそれだけ出逢いのチャンスも増えるのですから、生き残りに寄与する心的システムは、繁殖の可能性も高めることになります。

また、リアリーとシュラインドルファー（一九九七）は、感情の機能という点から存在脅威管理理論を批判しています。この批判を理解するために、まず感情の機能ということについて簡単にふれます。現代社会においては、感情は人間に不合理な行動を起こさせるものと見なされがちです。確かに、怒りが生産的な議論や解決を阻害してしまうことはよくあることですし、映画では恋のために愚かな行動に走ってしまう人物が描かれるものです。しかしながら、もともと感情というのは、環境に適切に対応するために進化してきた合理的なシステムです。まず、感情は、環境の状態を伝えるシグナルとして働きます（シュワルツとクロア　一九八八）。また、感情はその対象に注意を向けさせ、さらには適切な行動を迅速に行うための身体的準備状態を作り出します。たとえば、否定的感情は環境に危険（捕食者や災害）が存在することを個体に知らせ、その危険の対象に注意を向かわせ、逃走もしくは闘争の準備をさせる、という働きを持ちます。感情は少なくとも進化的適応環境では合理的であったのです。感情が不合理に見えてしまうのは、感情が進化してきた環境と現在の社会的環境が大きく異なるためなのです。これが、感情の機能に着目した考え方です。

さて、否定的感情が危険を察知し、その対処への準備性を高めるとすれば、それを低減するようなシステムは実に不適応的だ、ということになってしまいます。これは、火災が起こったときに、火を消さずに火災報知機だけを止めることと似ています。リアリーとシュラインドルファーはこのような視点から、存在論的恐怖を低減するような心的システムは進化しえない、という批判を行ったのです。これに対してソロモンら（一九九七）は、存在論的恐怖のような重大な不安を放置しておけば、さまざまな課題の遂行が阻害されるという点を指摘しています。たとえば、不安障害のように常に不安が持続してしまう状態では、さまざまな活動に支障が生じてしまう、ということです。ソロモンらの主張は、さまざまな活動に取り組む最低限の基準状態の維持のために、存在論的恐怖への対処システムが必要である、と読み替えることもできるでしょう。

類似した批判に、死の危険が迫っているときに、文化や自尊感情について思い悩んでも、その危険は解決しない（ナバレットら 二〇〇四）という趣旨のものがあります。これは、存在論的恐怖と目の前にある命の危機を混同していることによる誤解です。文化的世界観や自尊感情を通じた対処が行われる存在論的恐怖は、死の不可避性と予測不可能性に基づくものです。それゆえ、目の前に死の危険が存在するときに感じるような感情とは異なります。そのような眼前の恐怖に対しては、第4章で論じたように、抑制や否認、回避といった対処が行われます。不安を感じるような場所を避ける、あるいはそこから逃げる、という反応は適応的だと考えられますが、これは直接的防衛反応の一つである、回避に位置づけることができるでしょう。

また、バス（一九九七）は、存在脅威管理理論が想定する心的システム（つまりは象徴的防衛）がどのようにして現実の適応課題を解決したのか明確でない、という批判を行っています。進化心理学は、ある心的な傾向を備えることが、生存や繁殖に関する困難（適応課題）をいかにして解決したかということを考えます。言葉を換えれば、領域特定的な、具体的な課題を解決しないような心的傾向は進化しえない、という立場をとります。この点に関してランダウら（二〇〇七）は、領域特定的な適応だけを考えていたのでは、人間の創造的な認知能力の進化を説明できないという議論を援用し、存在脅威管理理論の想定の妥当性を主張しています。

ここでは進化心理学からの批判と、それに対する存在脅威管理理論からの反論を紹介しました。より詳細な議論は本書の範囲を超えてしまうのでここでは言及しません。関心のある方はランダウら（二〇〇七）を参照されると良いでしょう。

●ソシオメーター理論の知見を存在脅威管理理論から説明する

ここまで、ソシオメーター理論の概略を説明し、当該理論が依拠する進化心理学的視点からの存在脅威管理理論に対する批判と、それへの回答を紹介してきました。

一方で、存在脅威管理理論の研究者も、ソシオメーター理論に対して批判を行っています。とくに問題だと考えられているのは、理論の独自性です。ある理論が価値を持つためには、他の理論では説明できない現象を説明し、新しい予測を導きだすことが必要です。しかしながら、ソシオメーター理論はこの点に問題を抱えていると、ピジンスキーら（二〇〇四）は指摘しています。彼らは、ソシオメーター理論に基づく知見は存在脅威管理理論からも説明可能だと主張しています。第3章で論じたように、自尊感情の基盤である文化的世界観の妥当性は、社会的合意によって担保されるものです。そのため、他者からの受容と拒絶は、合意的妥当化の成否を通して自尊感情に影響する、というのが彼らの主張の骨子です。つまり、自尊感情が受容と拒絶を直接に反映するという仮定を置かなくても、ソシオメーター理論に基づく研究知見が説明できるのです。これは理論の独自性という点で問題になります。

同時に彼らは、MS仮説を支持する研究知見が、ソシオメーター理論からただちに説明できないことを指摘しています。ソシオメーター理論でMS仮説の知見を説明するには、「存在論的恐怖が所属欲求を強める」という前提と、「所属することが存在論的恐怖を低減する」という前提が必要となります。しかしながら、これらの前提を加えたソシオメーター理論は、存在脅威管理理論とほぼ同じものでしかない（実際、第6章の関係性に関する部分とほぼ同一になります）、というのが彼らの主張です。このように、説明や予測の独自性という点から、ソシオメーター理論には問題が指摘できるのです。

さらに、視野の点でも両理論には差があります。ソシオメーター理論が自尊感情と関係性に焦点を当てているのに対して、存在脅威管理理論は文化的世界観、自尊感情、関係性という三つの不安緩衝装置を鍵概念として社会的行動全般の説明を試みるものです。これは、存在脅威管理理論がより広い視野を持っていることを意味します。理論としての独自性の問題や、存在脅威管理理論に基づく関係性研究の進展に鑑みれば、ソシオメーター理論は存在脅威管理理論の下位理論として位置づけることが可能になるかもしれません。今後の議論および研究の中で、両理論が生産的に発展し、統合されていくのではないかと著者は考えています。

第7章では、進化心理学という外部の枠組みから指摘される問題と、それに対する存在脅威管理理論研究者の反論を紹介しました。一方で、存在脅威管理理論研究の蓄積に伴い、研究の内部から生まれてきた課題も存在します。それは、存在論的恐怖への対処の暗黒面をいかに乗り越え、望ましい形でそれに立ち向かうかというものです。第8章ではこの課題と今後の方向性について論じます。

8・よりよい対処に向けて

ここまで、存在脅威管理理論に基づく多くの研究知見を紹介してきました。存在論的恐怖は、自尊感情、文化的世界観、関係性に関わる多様な反応に、影響を与えます。そのような反応は、それぞれ異なる性質を持つものです。性質の異なる選択肢があるのであれば、よりよい形のものを選択し、存在論的恐怖に肯定的に向き合うほうが良いはずです。

第8章では、本書の締めくくりとして、存在論的恐怖への対処反応に内在する問題と、それをいかに克服しうるかについて論じます。

●世界観防衛の暗黒面――九・一一テロ後の否定的な反応

存在論的恐怖に肯定的に対処する必要性を考える第一歩として、まずは現実の事例からその困難さを考えます。ここでは、人々が存在論的恐怖にさらされた事例の一つである、九・一一テロの影響について考えていきましょう。二〇〇一年、四機の旅客機がテロリストにハイジャックされ、二機がマンハッタンの世界貿易センタービル、一機はアメリカ国防総省にそれぞれ激突し、残り一機はペンシルバニア郊外に墜落しました。旅客機の乗客をはじめ、二九七三名が犠牲（CNN 二〇〇四）となる大惨事となりました。とくに、二機の旅客機が世界貿易センタービルに突入する様子は全世界で繰返し放映され、多くの人がその凶状に衝撃を受けました。この大規模なテロは、アメリカ国民に対し、外集団からの攻撃により自己の生命が脅かされうるという現実を突きつけるものでした。実際にランダウら（二〇〇四、研究2）は、九・一一テロに関連する単語（事件発生日である九一一という数字と、世界貿易センターの略称であるWTC）の閾下呈示が、死関連単語の接近可能性を高めることを示しています。

この事件がアメリカ国民に与えた影響は、社会心理学領域でも多くの研究で検討されています。そして、それらの研究は、存在論的恐怖によって生じる文化的世界観防衛の暗黒面を如実に示しています。

政治的保守性

政治的態度に関する研究では、九・一一テロによってアメリカ国民の政治的保守性が強まったことが報告されています。たとえば、安全と引き換えに、市民の自由が制限されることを受容すると考える人の割合は、直近にテロの脅威が存在しなかった一九九七年は二九%でしたが、テロ直後には五五〜七四%まで上昇しています（ハディーら 二〇〇二）。また、九・一一テロ以降アメリカの空港でセキュリティチェックが厳格化され、乗客の服の中が見えてしまうようなX線検査装置まで導入されました。このような市民の自由の制限は、政治的な保守性の現れです。

こうした九・一一テロ後の政治的変化には、存在論的恐怖が影響していることが考えられます。ヨーストら（二〇〇七）は、存在論的恐怖が政治的な保守性を強めることを報告しています。また、逸脱への抵抗感という観点からも、存在論的恐怖の影響を考えることができます。第3章で論じたように、存在論的恐怖は、価値基準からの逸脱への抵抗感を高めます（グリーンバーグ、ポルテウスら 一九九五、アントら 一九九九）。当時のジョージ・W・ブッシュ政権は、テロとの闘争をスローガンとして掲げ、高い支持率を得ていました。言葉を換えれば、当時のアメリカではテロとの闘争が文化的世界観の顕現的な側面であったわけです。政治的保守性への支持が高まったことは、そのような顕現的な世界観への迎合反応としても理解できます。こうした政治的な保守性は個人の自由を侵害し、社会の硬直化を招くという点では、望ましくない反応といえます。

外国人に対する差別および攻撃

九・一一テロの影響がもっとも顕著に表れたのは、外国人――とくに、アメリカ人がテロリストとの関連を想定してしまうようなアラブ系やムスリム（イスラム教徒）の人々――に対する態度でした。スキトカら（二〇〇四）は、テロに対する怒りと恐怖が、道徳的な憤慨や外集団非難などいくつかの変数を媒介して、アラブ系アメリカ人、ムスリム、第一世代の移民に対する政治的な非寛容さ（電話の盗聴や空港および公共の建物でのより徹底した身体検査、さらに特定の罪状なしでの当局による法的拘束などへの支持）を高めていたことを報告しています（図34）。これらは前項の一般市民に対する自由の制限と似た内容を含むものですが、モーガンら（二〇一一）は、一般市民を対象とした自由の制限への支持は時間経過とともに減少しているのに対し、アラブ系アメリカ人やムスリムに対する自由の制限に関しては、元の水準まで改善していないと論じています。さらに、彼らはＦＢＩの統計で、イスラム系の人々に対するヘイトクライムが二〇〇〇年には三三件であったのに対し、二〇〇一年には五四六件に急増していることを報告しています。この件数は二〇〇二年時点では一七〇件に減少したものの、その後二〇〇八年時点まで同程度の件数で推移しており、

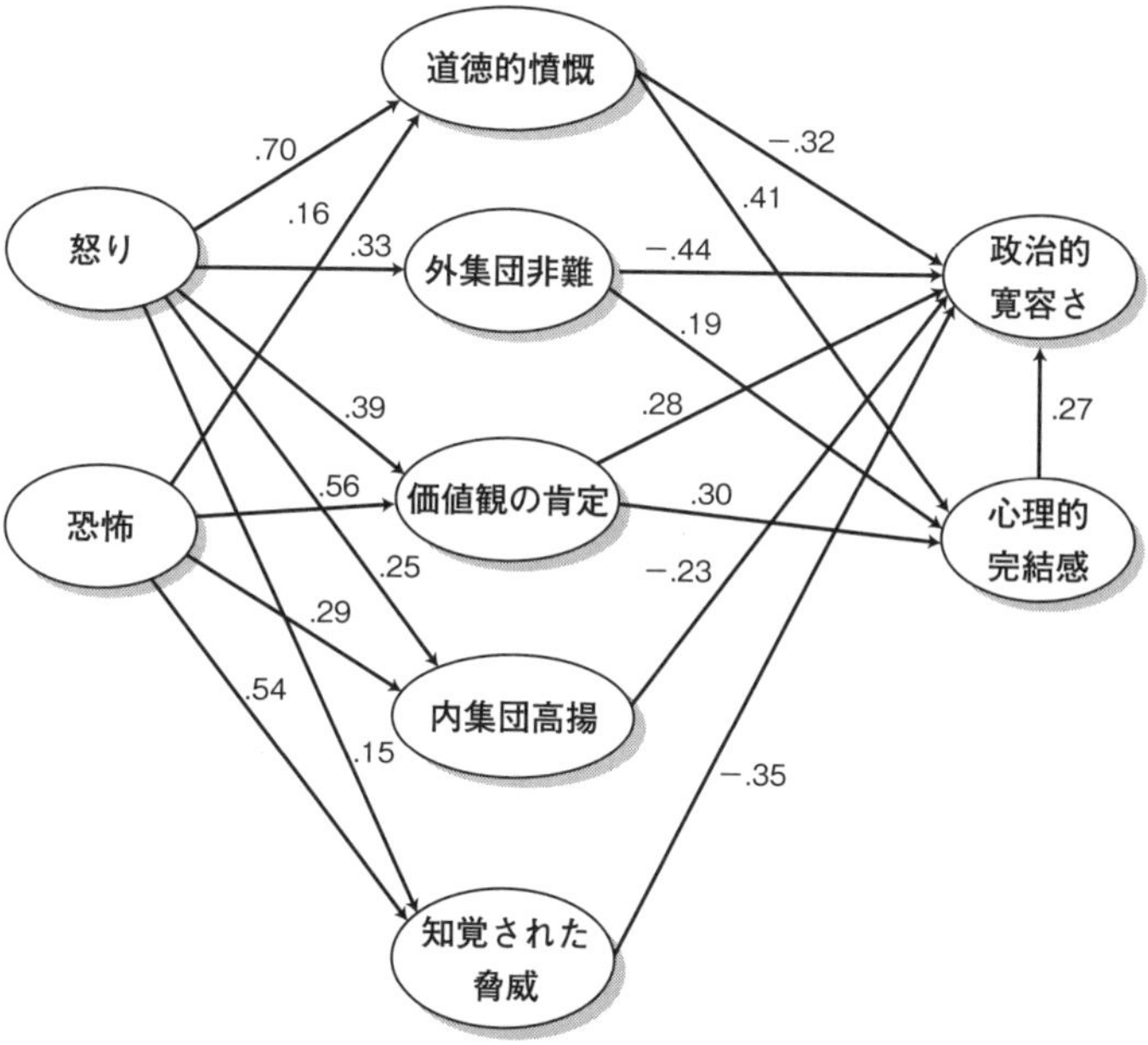

図 34　9.11 テロへの怒りと不安が政治的非寛容さに及ぼす影響のパスモデル（スキトカら，2004）

いまだにテロ以前の水準には戻っていないことをモーガンらは指摘しています。

差別的な反応が他にもさまざまな形態で生じていたことを、アイビッシュとスチュワート（二〇〇三）が報告しています。たとえば、彼らの調査では、アラブ系の旅客機乗客に対して、民族性や宗教のみを理由とした（つまりアラブ系であるからとかイスラム教徒であるからというだけの理由による）違法な機外退去処分が八〇件生じていたことが明らかにされました。さらに、八〇〇例を超える（年率で考えれば前年度の四倍）アラブ系アメリカ人に対する就労差別があったことも報告されています。

攻撃の究極的な形態である戦争に関する態度にも影響がみられました。フォイル（二〇〇四）は、当時のイラクに対する武力行使（当時のフセイン大統領を権力の座から追い出すため）に対する支持が、二〇〇〇年の五二％からテロ後には七四％に上昇したことを指摘しています。さらに、ランダウら（二〇〇四、研究3）は、九・一一テロについて考える操作と自己の死について考える操作が、当時のジョージ・W・ブッシュ大統領と彼の強硬な対テロ政策に対する支持を高めたという実験結果を報告しています（図35）。

九・一一テロ後の外国人に対する差別的反応は、初期の存在脅威管理理論で明らかにされた否定的な影響――異なる文化的価値観を持つ者への否定的な評価（グリーンバーグら 一九九〇）、逸脱者に対する罰（ローゼンブラットら 一九八九）、ステレオタイプ的認

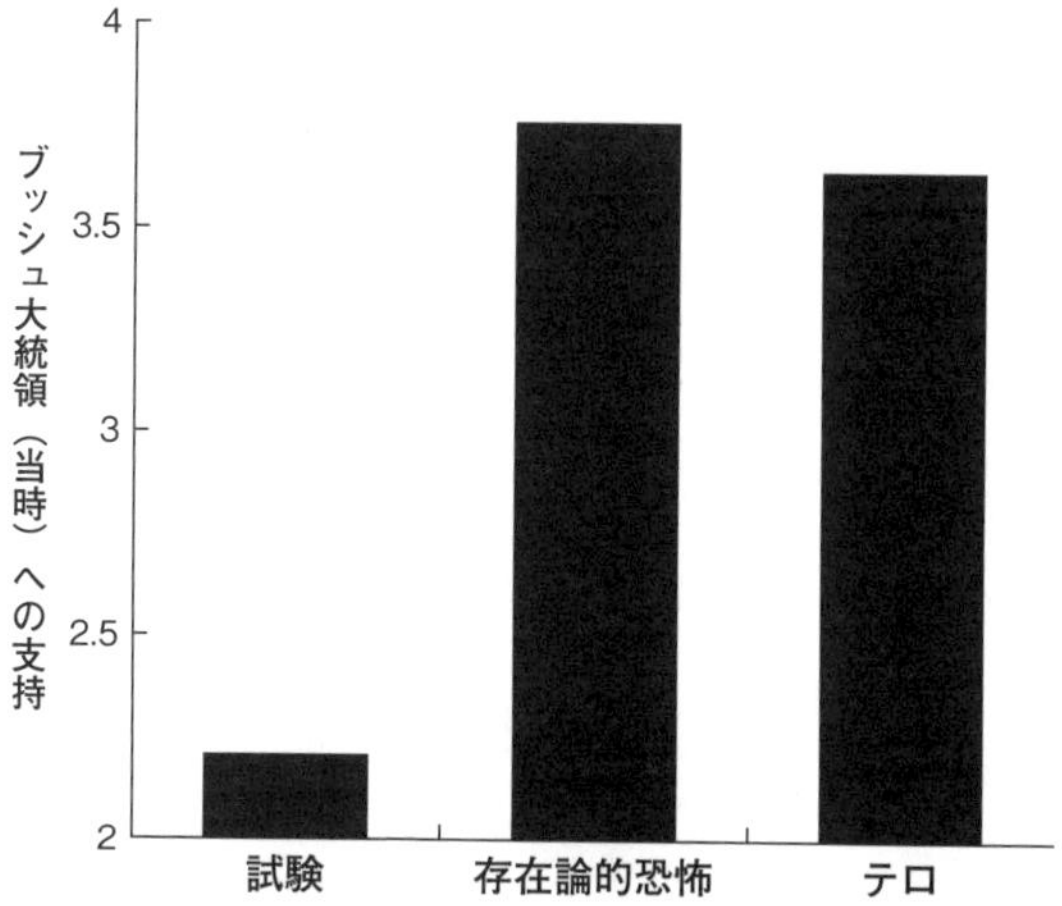

図 35　死および 9.11 テロ関連思考がジョージ・W・ブッシュ大統領（当時）への支持に及ぼす影響（ランダウら，2004，研究 3）

知の強まり（シメルら 一九九九）や差別への支持（グリーンバーグら 二〇〇一）――がまさに現実社会の文脈で現れたものと解釈することができます。これらの反応は、集団間の対立を深めたり、紛争を激化させたりする危険性をはらむものです。このような反応で存在論的恐怖への対処が行われてしまうのは、望ましくないことです。なお、アラブ系やムスリムの人々すべてが、テロリストと何らかの関連を持つと考えるのは明らかに不合理です。それゆえ、これらの否定的な態度や差別的処遇は報復ではなく、置き換えられた攻撃（displaced aggression、ブッシュマンら 二〇〇五）として理解すべきです。

●自尊感情追求に関する問題

次に、自尊感情の追求に関わる問題について考えます。まず、自尊感情追求は学びと成長を阻害します。人はさまざまな目標を持って活動を行いますが、そのうち能力の高さを示す目標を遂行目標と言います。遂行目標は、自尊感情の維持や追求に関わる目標です。遂行目標の下で課題に取り組んでいるとき、人は失敗することを、自分の無能さを示す情報だと考えてしまいます（ドウェック 一九八六）。そして、自分の能力に自信がないときには、無力感に陥りやすくなってしまいます（エリオットとドウェック 一九八八）。失敗から学ぶことは成長のために不可欠なことです。しかし、自尊感情を追い求めているときには、それが難しくなってしまうのです。

また、自尊感情追求は他者との関係を阻害します。自尊感情に対する脅威が高まるとき、人はその影響を低減しようとして回避や弁明を行ったり、自己に否定的な評価を与えるものを非難したりします。これらは他者に悪印象を与え、孤立や関係の断絶を招く危険性を高めます。たとえば、主張的セルフハンディキャッピング（失敗が予想されるときに、事前に自分が何らかの不利な条件を抱えていると言明すること）は、自尊感情を守ることには役立ちますが、他者からの好意を低下させます（沼崎 一九九五）。また、自尊感情追求を目標とする者は、それがうまくいっていないときに、他者に対する支援性や関心、熱心さが低くなり、相互作用の相手としての魅力も低くなってしまうことが示されています（パークとクロッカー 二〇〇五）。

クロッカーとパーク（二〇〇四）はさらに複数の問題を指摘しています。まず、自律性への悪影響です。自尊感情の高揚や維持を目標に活動していると、人はストレスやプレッシャーを感じやすくなり、活動に対する興味や意欲、そして内発的動機づけを失ってしまい、自律的に行動しなくなると彼女らは主張しています。次に、心身の健康への影響です。自尊感情追求にまつわるストレスは、精神的健康や身体的健康に悪影響を及ぼします。彼女らはさらに、自尊感情追求に失敗して否定的な感情を抱いたとき、人はそこから注意をそらそうとして、やけ酒などの健康に害を及ぼす行動をとってしまうことを指摘しています。

学習と成長、関係性、自律性は人間の基本的欲求と位置づけられるもの（ライアンとデシ 二〇〇〇）ですし、個々人が生産的かつ精神的に豊かに生きるために不可欠なものです。精神的健康と身体的健康の重要性については言うまでもありません。これらを阻害するような形の自尊感情の追求もやはり、望ましいとは言い難いものです。

存在脅威管理理論が当初文化的不安緩衝装置として位置づけてきた文化的世界観と自尊感情は、それぞれを防衛したり追求しようとしたりするときに、こうしたさまざまな否定的な影響を与えてしまうのです。このような否定的な影響を避けるためには、どうすればよいのでしょうか？

●文化的世界観防衛が集団間葛藤に結びつくのを防ぐ

まず、文化的世界観防衛が集団間葛藤に結びつくのを防ぐ方法について考えます。ここでは、寛容さの価値と集団境界の主観的撤去という二点を取り上げます。

寛容さの価値

一口に文化的世界観といっても、その中にはさまざまな価値観が含まれています。そして、私たちの行動に影響を与えるのは、その行動が生じる直前に意識されている価値観であると考えられます（チャルディーニら 一九九一）。

つまり、どの価値観に注意が向くかが違えば、行動も違ってくると考えられます。

グリーンバーグ、サイモンら（一九九二、研究2）は実際にこのことを示しています。彼らは、存在論的恐怖の操作と文化的世界観防衛反応の測定に先んじて、寛容さの価値を意識させる操作を行っています。半数の実験参加者は「意見の異なる人々に対して寛容であることは重要だ」といった、寛容さの価値を強調する項目が含まれる質問紙に回答しました。残り半数は「人生で目標を持つことは重要だ」といった、寛容さとは関係のない中性的な項目を含む質問紙に回答しました。中性的価値について考えた参加者では、先行研究同様に、存在論的恐怖条件で統制条件よりも反米ターゲットの評価がより否定的になっていました。一方で、寛容さの価値について考えた参加者では、存在論的恐怖条件と統制条件に統計的有意差はみられませんでした（図36）。寛容条件で評定値に差がみられなかったのは、事前に意識されていた寛容さの価値に従うような、異なる意見の他者を批判しないという行動が、存在論的恐怖によって強まったからだと考えられます。

より現実の問題に即した形で同様の研究を行っているのが、ロスチャイルドら（二〇〇九）です。彼らの研究の背景にあるのは、アメリカとイスラム諸国の対立です。二〇〇一年に発生した九・一一テロ以降、アメリカとイスラム諸国の間の軋轢は深刻化し、アフガニスタンやイラクでの戦争にまで発展しました。

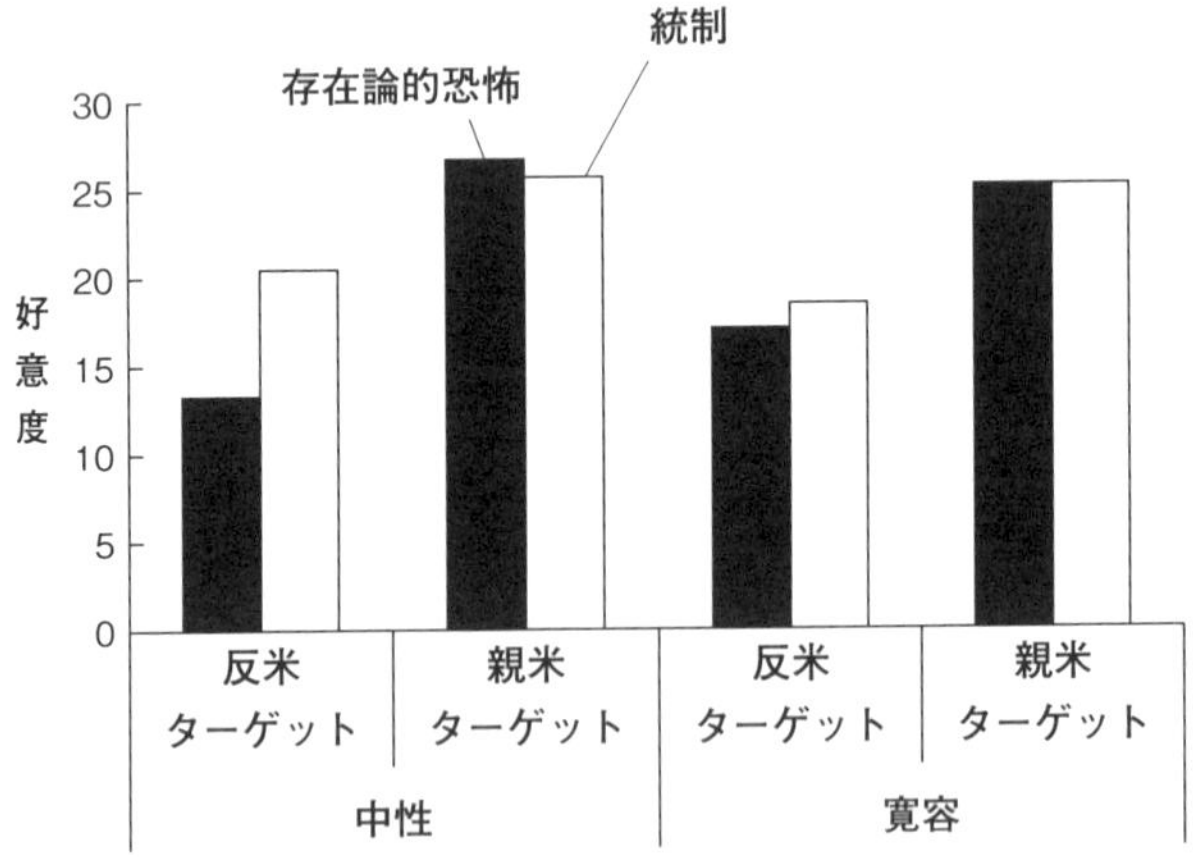

図 36　存在論的恐怖と寛容さのプライムが親米・反米ターゲットの評定に及ぼす影響（グリーンバーグ，サイモンら，1992，研究 2）

ロスチャイルドらは、存在脅威管理理論に基づいて、このような他文化への武力の行使に対する態度を検討しました。彼らはこの研究で、宗教的原理主義という個人差変数に着目しました。宗教的原理主義とは、世の中に一つだけ絶対に正しい宗教（得てして自分が信じている宗教）があり、それを忌まわしき反対勢力から守らなくてはならない、という信念です。宗教的原理主義傾向の強い人は、権威主義的で内集団バイアスが強い傾向にあります（アルトマイヤー 二〇〇三）。また、宗教的原理主義は、外集団への偏見や差別につながります（シルバーマンら二〇〇五）。

一方で、多くの宗教には、他者に対する思いやりや慈悲に関する教義が含まれています。たとえば、キリスト教の『新約聖書』にある「己の如く汝の隣人を愛すべし」（「マタイによる福音書」第二二章三九節）はその最たるものです。宗教的原理主義者が、自分の信じる宗教を絶対視するのであれば、このような教義にも従わなければならないはずです。先に紹介したグリーンバーグら（一九九二）の知見に基づけば、そのような思いやりや慈悲に対する教義に注意を向けさせることで、宗教的原理主義者の態度は変化するかもしれません。ロスチャイルドらはこのような論考に基づき、研究を行いました。

彼らの研究1では、アメリカ人を対象とした実験を行っています。この実験は、存在論的恐怖が武力行使への賛否（化学兵器や核兵器を含む）に及ぼす影響を検討するものでした。特徴的なのは、存在論的恐怖の操作の後に、参加者が三つの条件に分けられていることです。一つの条件では、参加者は慈悲に関する聖書の教えについて賛成するかしないかの質問に答えました。他の二条件の参加者はそれぞれ、慈悲とは関係のない聖書の教え、慈悲に関係する非宗教的な価値観への賛否を回答しました（ここでは回答の際に価値観に接触することが重要で、賛否そのものは問題ではありません。実際、価値観の質問への賛否は武力行使の質問への回答には影響していませんでした）。その結果、宗教的原理主義

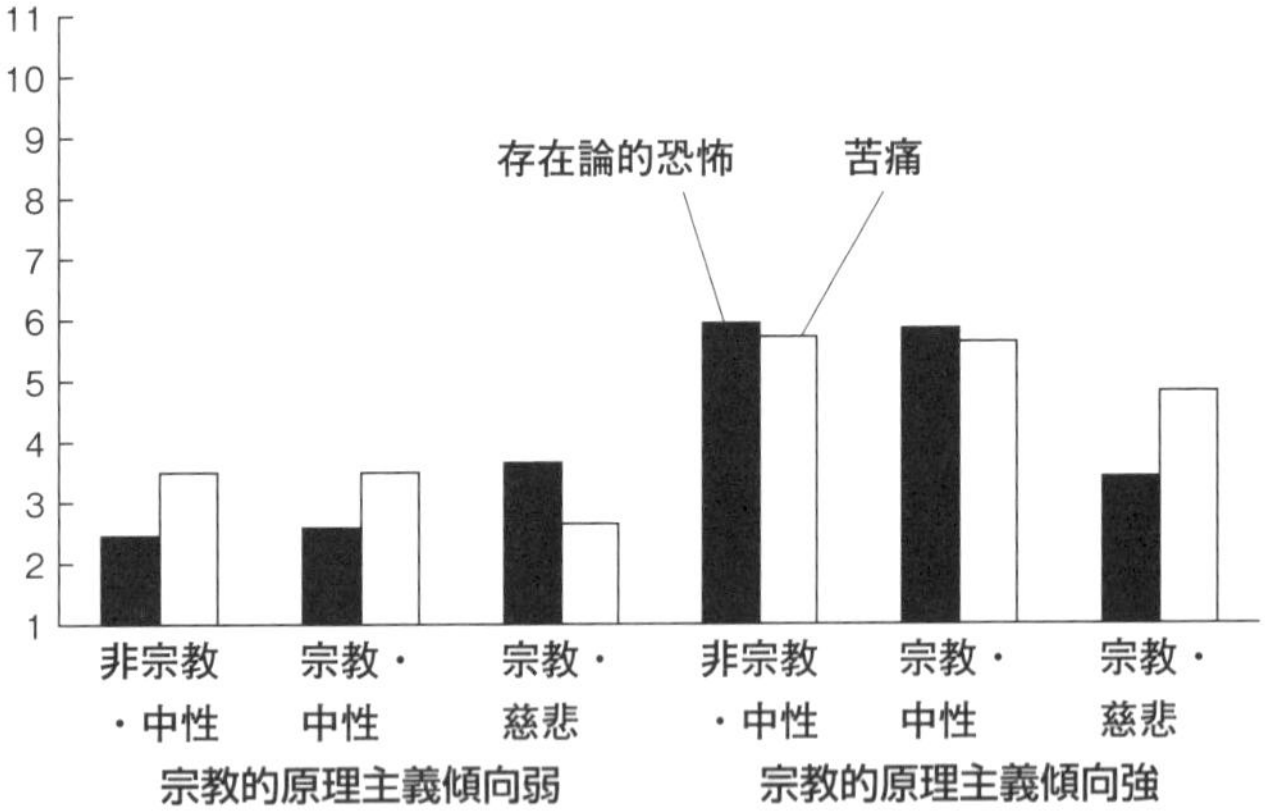

図 37　存在論的恐怖と価値観の操作が武力行使への支持に及ぼす影響
（ロスチャイルドら，2009，研究 1 より抜粋）

傾向の強い人が、慈悲に関する教義について考えた場合には、存在論的恐怖条件の武力行使に対する支持は苦痛条件より弱いことが示されました（図37）。

彼らはさらに、研究3でシーア派ムスリムのイラン人の、欧米に対する敵対的態度についての検討を行いました。結果、中性的な慈悲の価値観について考えた場合は、先行研究同様、存在論的恐怖条件で苦痛条件よりも、異文化である欧米に対する敵対的態度が強くなっていました。一方、宗教的な慈悲の教義について事前に考えている場合には、存在論的恐怖条件で欧米に対する敵対的態

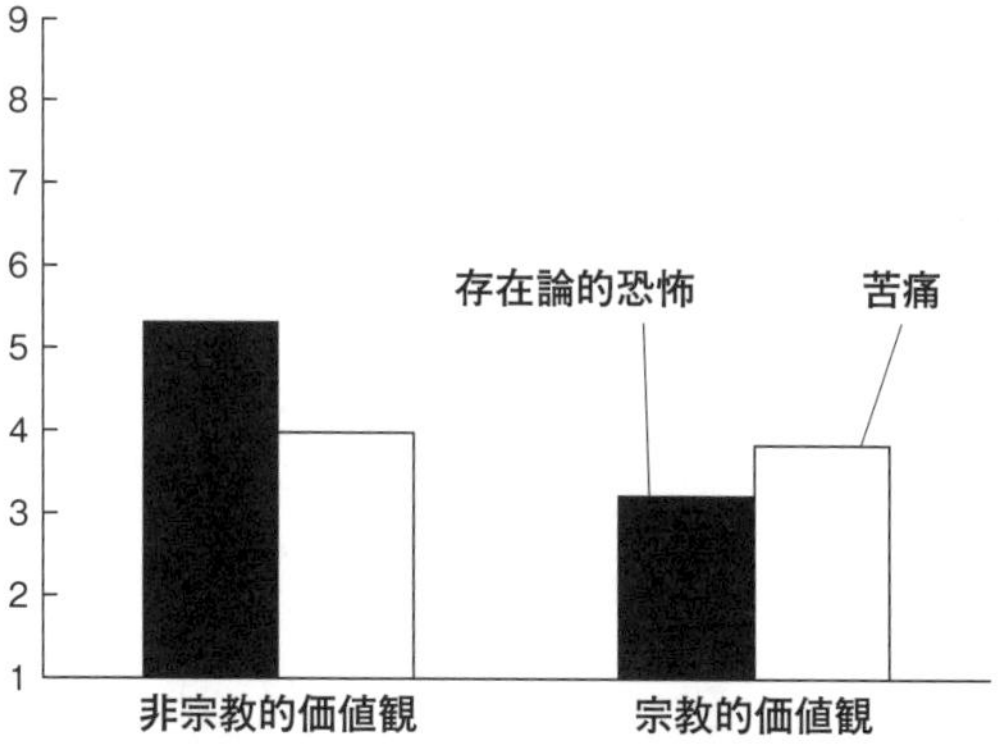

図38 存在論的恐怖と価値観の操作が欧米に対する敵対的態度に及ぼす影響（ロスチャイルドら，2009，研究3より抜粋）

度がより弱くなっていました（図38）。この研究では宗教的原理主義の効果はみられませんでしたが、これはイラン人参加者がアメリカ人参加者と比べて、もともと宗教的原理主義の平均値が高く、また個人差も小さかったことに起因していると考えられています。慈悲に関する価値観が、宗教という重要な側面で異なる他文化（しかも九・一一テロ以降対立が顕在化している対象）への否定的反応を抑制するという研究知見は、存在論的恐怖への平和的な対処に大きな可能性を開くものです。

心の中の境界を取り払う

象徴的防衛が集団間葛藤に結びつかないようにするもう一つの方法は、集団の垣根（集団境界）を主観的になくしてしまうことです。第2章でも紹介したように、人は内集団と外集団に分けられてしまうだけで、互いを差別してしまいます（タジフェルら 一九七一）。この集団境界を取り払えば、集団間葛藤に関わる偏見や差別を低減することができるはずです。

集団境界を取り払う一つの方法は、内集団のメンバーと外集団のメンバーの共通性を意識させることです。モティールら（二〇一一、研究1）は、存在論的恐怖がアメリカ人のアラブ人に対する潜在的態度に及ぼす影響を検討する実験で、この共通性の意識の効果を取り上げています。共通性意識条件では、参加者はさまざまな文化の人々が、家族と過ごしている様子（食卓に一緒に座っている、一緒に遊んでいる、など）の写真を見ました。これらはどの文化でも一般的と思えるもので、アメリカ人と他文化の人々の共通性を意識させるものです。その他に、アメリカ人の家族の同じような活動の様子の写真を見せる条件と、さまざまな民族の人々が個々別々に活動している様子（ただし、背景はアメリカだと思えるような場所で、人々はとくに民族を示すような衣装等は身に着けていません）の写真を呈示する条件が設けられました。後者は、単に異文化の人を目にすることで、共通性の意識と同様の効果がある、という代替説明を排除するためのものです。これらのいず

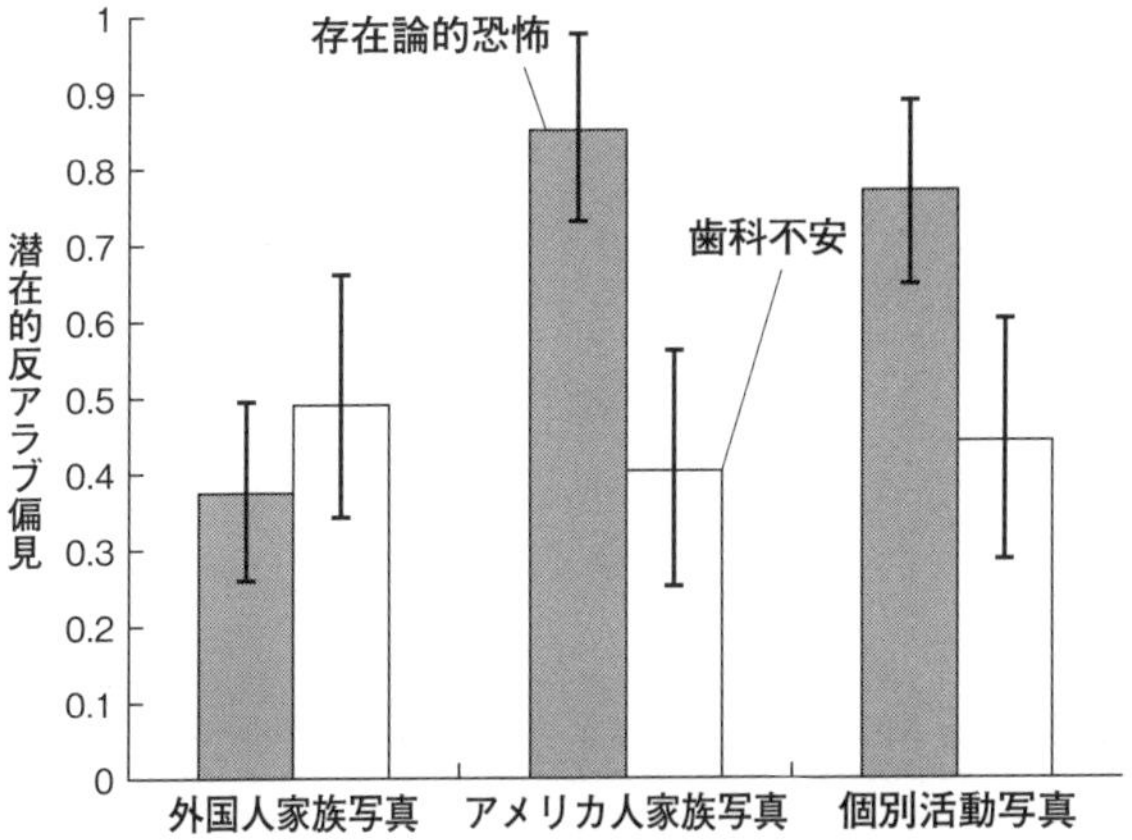

図39　存在論的恐怖と共通性意識の操作が潜在的反アラブ偏見に及ぼす影響（モティールら，2011より抜粋）

れかの写真を見た後、参加者は死もしくは歯科不安について考え、IAT（第3章参照）でアラブ人に対する潜在的態度の測定を受けました。その結果、アメリカ人家族写真条件と個別活動写真条件の双方で、存在論的恐怖によって、アラブ人に対する潜在的態度がより否定的になることが示されました。一方、共通性意識条件では、このような効果がみられませんでした（図39）。

さらに、研究2では、移民への態度に着目した検討が行われました。ここでは、共通性意識の操作として、さまざまな国の人が書いた幼少期の思い出（家族と海に出かけたこと等）に関する短いエッセイを読み、自分の同様の経験について思い出す、という操作が用いられました。一方、別の条件では、エッセイの作者は参加者と同じアメリカ人であると伝えられました。結果は研究1と同様で、アメリカ人のエッセイを読んだ場合には存在論的恐怖条件で歯科不安条件よりも移民への態度が否定的でしたが、外国人のエッセイを読んだ場合にはそのような差がみられませんでした。

このように、外集団他者と自分の共通性を意識することは、外集団成員に対する否定的な態度を弱める効果を持ちます。モティールらの研究は、存在論的恐怖が外集団への否定的な態度に及ぼす影響を抑える一つの方法を呈示する、意義深いものです。

ここでは、存在論的恐怖が集団間葛藤を助長しないためにはどうすればよいか、という点について見てきました。まず、寛容さや慈悲の価値観が顕現化しているとき、存在論的恐怖は外集団に対する否定的反応を抑制し、また武力行使への支持を弱めるという二つの研究知見を紹介しました。これらの研究知見からは、そのような価値観を教育し、敷衍することが、存在論的恐怖への平和的な対処のために重要であることが示唆されます。次に、自民族と他民族の共通性を意識することも、同様に存在論的恐怖が外集団への否定的態度を強めることを抑制するという知見を紹介しました。異文化理解、というと自分の文化と異なる側面への気づきや理解という点が強調されがちです。しかしながら、集団間葛藤の低減という点からは、異なる背景を持つ人々が共通に持つ部分に関する注意や学習が必要である、と言うことができそうです。

もっとも、ここで紹介した知見を現実に応用していくためには、さらなる研究が必要です。ロスチャイルドら（二〇〇九）の知見は宗教的教義に関するものであるため、日常生活で宗教の役割が大きくないような社会（現代の日本もそうだといえるでしょう）に一般化できるかは今後の検討を待つ必要があります。また、モティールら（二〇一一）の共通性の意識は、ステレオタイプ研究における非カテゴリ化や再カテゴリ化に相当しますが、それらのカテゴリ変容の試みが奏功するには一定の条件が必要であるため、現実場面への適用が困難であったり、また時には逆に集団間の否定的態度を強めたりすることが知られています（詳細な議論は上瀬 二〇〇二を参照）。より適用可能性の高い方法や逆効果を防ぐための方策を継続的に検討することが必要です。

●よりよい自尊感情追求の形――自分のためは他人のため

前節では、文化的世界観防衛の否定的影響を避ける方法について考えました。次に、自尊感情追求について同様に考えてみましょう。自尊感情追求にまつわる主要な問題として、学習と成長、関係性、自律性への悪影響があることを先に紹介しました。これらの悪影響を避けつつ、自尊感情を高めたり守ったりするためにはどうすればよいのでしょうか。

この問題を考える上で重要なのは、これら問題は、自尊感情を高めたり守ったりすることが、個人の重要な目的となっている場合に生じる（クロッカーとパーク 二〇〇四）、ということです。自尊感情を追求するがゆえに、何を学ぶかよりも評価そのものに関心が向いてしまい、自己高揚や自己防衛のために他者を見下したり、あるいは他者の不興を買ったり、ストレスや失敗への脅威にさらされて、活動に意欲を持てなくなったりするのです。

これらのことに鑑み、クロッカーとパーク（二〇〇四）は、活動の上位目標を、自己の能力や資質の正当化（つまりは自尊感情追求）から、他者を含む包括的な目標に置き換える、という代替案を呈示しています。簡単に言えば、何かを成し遂げようとしているときに、それを自分（自尊感情）のため、というのではなく、誰かのためにもなることだと考える、ということです。スポーツ選手が重要な試合の前に、「ファンのためにも勝ちたい」という旨の発言をしている様子がテレビに映ることがよくあります。試合に勝つことは選手個人にとって重要で、それは自尊感情を高めることです。しかし、それをファンのため、というより上位の目標の下に置いているわけです。これはクロッカーとパークの提

表22 「他者志向的動機傾向」「動機の結合」の項目例（伊藤，2004）

他者志向的動機傾向

- 「誰かのために」という方ががんばりやすい。
- 「他人のためにがんばっている」と思うことによって，「自分のためにがんばっている」と思うよりも甘えがなくなると思う。
- 人間は他人と関わりをもって生きていくものだから，他人を意識せず，全て「自分のため」に頑張るのは実に困難なことである。

動機の結合

- 応援してくれる人のためにがんばるという感情は，その人の喜ぶ顔・しぐさが見たいからという思いと，ほぼ重なるものである。
- 「自分のため」に頑張ることも，「他人のため」に頑張ることも，同等に大切なことである。
- 「他人のため」は「他人が喜ぶと自分も嬉しいから頑張る」ということである。

案する代替案の実践例です。

私たちは、日常的にもそのような考え方をしています。伊藤（二〇〇四）は達成行動に関して「自分のため」「他人のため」という理由の構成概念の検討を行っています。その結果、「誰かのためにというほうが頑張りやすい」など自己を理由にするより他者を理由にするときに動機づけが高いという「他者志向的動機傾向」や、「自分のために頑張ることも他人のために頑張ることも、同等に大切なことである」といった、自己理由と他者理由の結びつきを考える「動機の結合」という側面が特定されています（表22）。

他者を含む上位目標を考えることは、

さまざまな利点があります。先述のクロッカーとパーク（二〇〇四）はまず、他者とつながっているという点で、関係性の欲求を充足できるという点を挙げています。また、自尊感情を目標としていないため、失敗への不安がより少なくなり、自律的に活動に取り組めるとともに、学ぶ姿勢を持ち続けることも利点であると主張しています。さらに、彼女らは、上位目標に他者が含まれているので、困難な状況に陥っても、動機づけを維持できる可能性が高いと指摘しています。

自分の目標が、他者にとってどのような意味を持つかを考えることは、このように自尊感情追求の否定的影響を避け、よりよい形でそれを実現するための有望な方略となりそうです。

●関係性による置き換え

ここまで論じてきたことは、大まかに文化的世界観防衛反応と自尊感情希求反応をどのように望ましい方向に変化させるか、という話としてまとめることができます。これに加えて、文化的世界観や自尊感情関連の否定的な影響を避ける方法として、関係性による置き換えを考えることができます。第6章の末尾で紹介した、ハートら（二〇〇五）のモデルに基づけば、文化的世界観、自尊感情、そして関係性は、それぞれが心的安全を守る作用を持っています。また、より重要なのは、それらが交換可能であるということでした。つまり、三つのうちのいずれかで心的安全が防衛されれば、他のシステムに関わる防衛反応は生じない、ということです。そのため、置き換えが可能になると考えることができるのです。

実際、そのような研究知見も報告されています。フロリアンら（二〇〇二）は、恋人へのコミットメントについて考えた場合には、存在論的恐怖が逸脱者への否定的態度を強めないことを報告しています。また、コックスら（二〇〇八）は、母親や友人について考えることが同様の効果を持つことを報告しています。

さらに、九・一一テロ後にも、他者とのつながりを強める、利他的行動を行うといった傾向が強まるという現象がみられました。スキトカら（二〇〇四）は、調査対象者のうち四〇％の人が、テロの後に友人や家族に対して何か良いことをしようという意図が高まった、と回答したことを報告しています。また、彼女らの研究では、一二％の人が教会行事への出席が増えたことを報告していますが、これもコミュニティへの参加という形の関係性希求反応と見なすこともできるでしょう。また、トラビとセオ（二〇〇四）は、テロ以前の夏と比較して、テロ後にはボランティア活動に参加したと報告した人が七～一〇％増加し、地域プロジェクトに参加する人は六％増えたと報告しています。これらは、九・一一テロ以降に、存在論的恐怖に対する肯定的な防衛が行われていた可能性を示唆するものです。

もっとも、関係性関連の研究は後発のもので、まだ十分に検討が進んでいないのが現状です。九・一一テロ後の関係性希求反応についても、差別など否定的な反応を抑制していたのか、単に同時生起していただけなのかは明らかではありません。また、他者とのつながりや支援といった関係性希求反応が、内発的に行われているものなのか、世界観への同調の現れなのかという点も見極める必要があるでしょう。社会的な困難が生じるときには、助け合いといった世界観が顕現化しやすいものです。そのような状況では、文化的世界観への同調として関係性希求反応が生じる可能性があります。そして、関係性希求の衣をまとった同調への欲求は、異なる価値観を持つ人（たとえば支援に積極的でない人や異なる方法での支援を考える人、あるいは冷静な対応を呼びかける人）への攻撃につながってしまう危険性があります。そのような危険性に鑑みれば、関係性による置き換えのための介入は、一般的な絆や支援を呼びかけるものよりも、より個人化された関係について考えるきっかけを提供するものであるほうが良いかもしれません。個人的な関係の希求に関しては、個人の利益や自由意思との齟齬を起こしにくいと考えられるからです。

さらに、近年では浮気やドメスティック・バイオレンス（DV）等、関係の否定的側面に関する社会心理学的研究が盛んに行われるようになってきています。これらの否定的側面に存在論的恐怖が及ぼす影響についても、検討しておく必要があるでしょう。たとえば、ロマンチック・コミットメントに関する知見に鑑みれば、存在論的恐怖は暴力を振るうパートナーとの関係解消を困難にしてしまうかもしれません。こうした否定的側面を助長するような影響がないかどうかは、関係性による置き換えの有効性に関して重要な問題となります。

第8章では、存在論的恐怖により望ましい形で対処するにはどうすればよいか、という点について考えました。存在脅威管理理論に基づく研究は早期から、差別や価値観への服従といった否定的な影響を明らかにしてきました。また、九・一一テロ後の事例は、そのような影響が実験室のみならず、現実場面でも生じ得ることを示しています。また、もう一つの文化的不安緩衝装置である自尊感情の追求に関しても、近年は否定的影響が問題視されています。

しかしながら、本章後半で紹介した数々の研究は、人間がこのような否定的な影響を乗り越え、存在論的恐怖という大きな問題に対し、肯定的な態度で生産的に臨む力を持っていることを示唆しています。当該テーマの研究はまだ萌芽期にあるため、検討すべき課題は多く残されており、今後の研究の発展が切に望まれます。

おわりに

死すべき運命に対する恐怖が、人間に大きな影響を与える。この文言を見て、「なんだかオカルトっぽい話だなあ」という感想を最初に持たれた方は多いのではないかと思います（実は、これは著者が人に存在脅威管理理論の説明をするときに、いつも心配していることです）。本書では、存在脅威管理理論の主張が多くの実証研究で検討され、また支持されたものであることをご理解いただけるよう、各研究をやや詳しく紹介しました。さらに存在脅威管理理論が、ステレオタイプや差別、集団間葛藤などの社会問題を理解し、それらを乗り越えていく方法を考える枠組みとして有用であることをお伝えできるように書いたつもりです。これらの試みがいくばくかでも成功していれば幸いです。

また、研究者の方にとっては、日本語で容易に存在脅威管理理論の知見にアクセスできる資料としてお使いいただけるよう構成したつもりです（そのため初学者や一般の方にとっては、やや固い内容になってしまった感があります）。存在脅威管理理論に基づく研究は国内では盛んではありません。本書が少しでも研究を活性化することに役立てば、著者としては非常に喜ばしいことです。

心残りなのは、紙幅の都合上、近年の新しいトピックに関する研究を十分に取り上げることができなかったことです。現在でも存在脅威管理理論に基づく研究は盛んに行われていて、数々の興味深い知見を生み出しています。それらについては、また別の機会に論じたいと思います。

本書の内容から、二〇一一年に発生した東日本大震災を連想された方もいるのではないかと思います。存在脅威管理理論から災害の影響について検討した研究はまだ少なく、現状では章を割いて説明するだけの知見がありません。そのため、この場で重要な研究知見と、既存の研究知見から考えられることを論じて本書を閉じたいと思います。

存在脅威管理理論から震災の影響について検討した研究に、アブドラヒら（二〇一一）があります。同研究の対象者は、二〇〇五年に発生したイラン大地震の生存者でした。アブドラヒらは、死関連あるいは震災関連の単語が、震災発生後四週間以内の時点で、文化的世界観の防衛反応（外国からの支援への反発）を強めることを報告しています。彼らの研究結果で重要なのは、震災による解離症状（現実感や自我の同一感の喪失、健忘など）

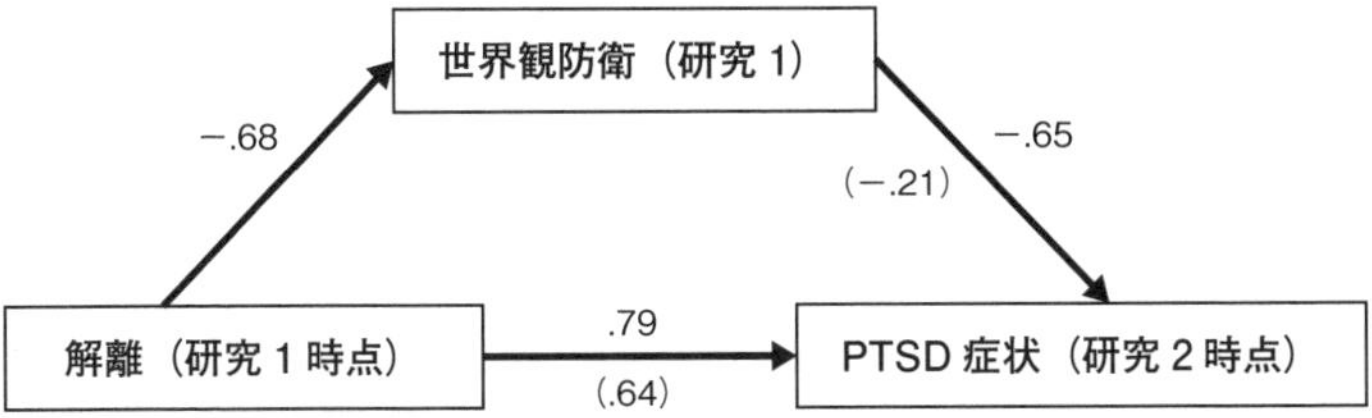

図 40　研究 1 時点の解離と研究 2 時点の PTSD 症状の関係を研究 1 時点の世界観防衛が部分的に説明する媒介モデル（アブドラヒら，2011 より作成）
括弧内は変数を同時投入した場合の標準偏回帰係数。

が強い人は文化的世界観防衛反応を示さず、否定的感情が強いままになってしまうという部分です。

さらに彼らは、震災から二年後に同じ対象者にフォローアップ研究を行い、ＰＴＳＤ症状の重い人（研究２）がやはり存在論的恐怖の操作に対して文化的世界観の防衛反応を示さないことを報告しています。また、研究１の時点での解離症状が重いほど、二年後のＰＴＳＤ症状も重いことを報告しています。また、そのような影響には、世界観防衛を弱めることを通した間接的な経路が存在することも示されました（図40）。この結果は、文化的世界観の機能不全が、解離症状からＰＴＳＤへという症状の進展を部分的ながら説明することを示唆しています。まだ検討が不十分で具体的な提言ができる段階にないことは強調しておく必要がありますが、彼らの研究は、PTSD症状とその進展のプロセスを存在脅威管理理論から概念化することで、新たな介入や支援のあり方を考える契機となる可能性を秘めています。

アブドラヒらの研究は直接被災した人たちを対象としたものです。これとは別に、メディア等を通じて間接的に震災について見聞きした人々を対象とした研究も必要です。九・一一テロに関する研究から考えれば、間接的な経験でも存在論的恐怖が喚起され、それに影響されることは十分に考えられます。そして、外集団差別のような否定的な影響が顕在化する可能性もあります。そのような影響が生じていないかチェックし、生じているならそれをいかに望ましい形のものに置き換えるかについての検討は、重要な意味を持つでしょう。

望ましい形、ということを考えるときに、第8章末尾で論じた関係性を巡る問題は重要な点だと著者は考えています。最近の内閣府の社会意識に関する世論調査では、東日本大震災後に、社会との結びつきを「前よりも大切だと思うようになった」と回答した人が七九・六％いたことが報告されています（内閣府大臣官房政府広報室 二〇一二）。さらに同調査の「震災後意識するようになったこと」という設問では、家族や親戚、地域、友人や

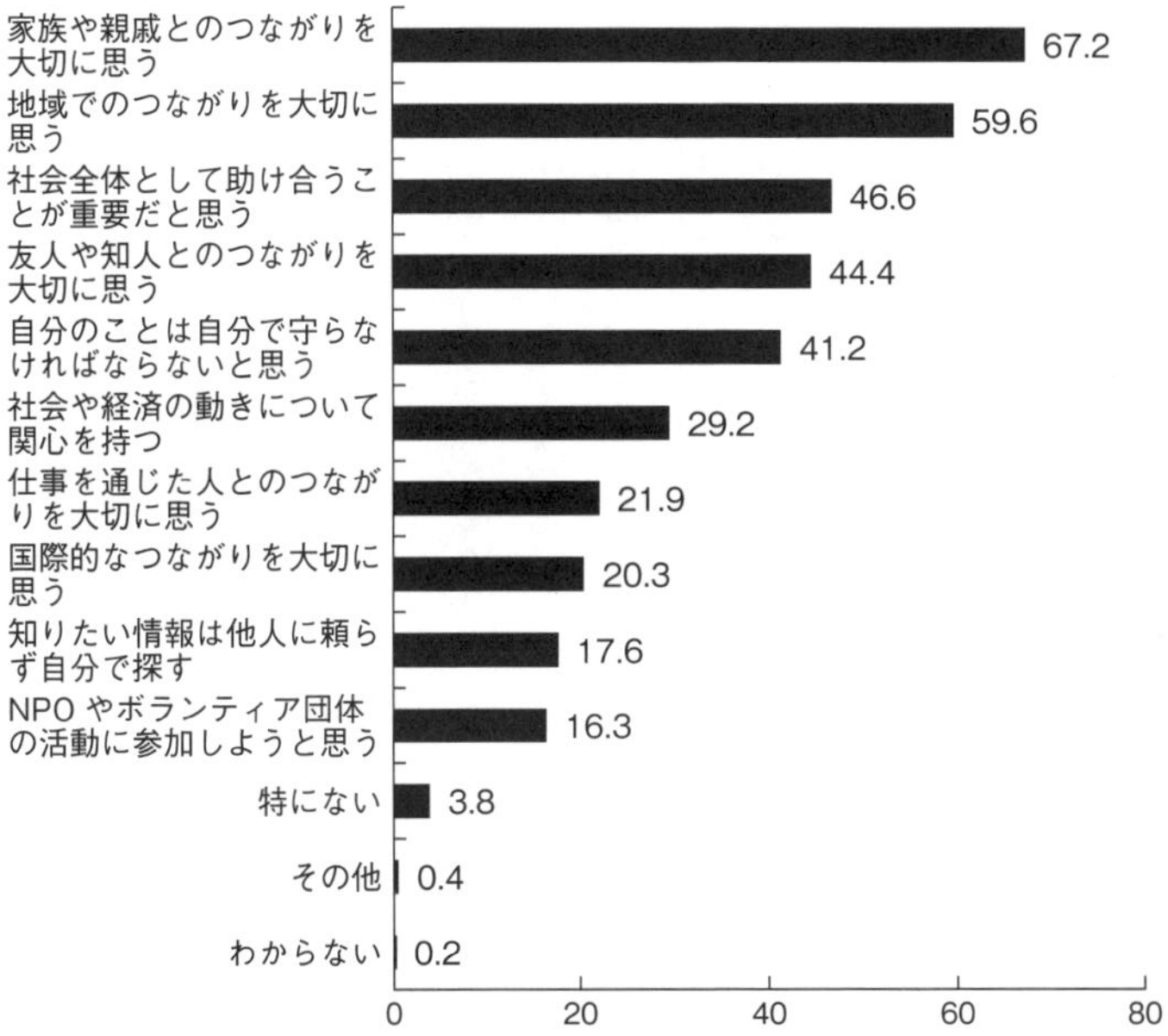

図 41　震災後，強く意識するようになったこと
（内閣府大臣官房政府広報室，2012）
回答は複数選択。

知人とのつながりを大切に思う、あるいは社会全体として助け合うことが重要だといった、関係性関連の回答が上位を占めていました（図41）。この結果を単純に受け止めるならば（実は、調査そのものに関して選択肢の偏りを指摘できそうなのですが、論旨から外れるのでここでは論じません）、関係性関連の肯定的な反応が生じているということになるでしょう。家族や友人など、個人的な関係に関する反応は、著者自身率直に肯定的なものととらえてよいのではないかと考えています。

しかし、「社会とのつながり」や「社会全体として助け合う」、といった抽象的なものについては別の解釈をすることもできます。震災以降、支援や絆といった関係性関連の言葉が、メディアの中に氾濫しています。そのような状況下では、抽象的なレベルでの「つながり」の希求は、顕現的な世界観への同調として生じている側面があると考えられます。震災後にみられた不合理な「支援のため」の行動は、そのような危惧をより強めるものです。たとえば、震災支援のために節電する必要がなかった中国地方（東北・関東とは電気の周波数が違い、変換施設の容量も限られているため、節電しても送電できる量が増やせない地域）で節電を呼びかけるチェーンメールが出回るという事件が起きました（朝日新聞 二〇一一）。また、震災発生後しばらくの間は、組織レベル、個人レベルでさまざまな行事の自粛が広がり、そのような自粛を求める「不謹慎」という言葉がしばしば聞かれました。逸話的な証拠から断定をする意図はありませんが、著者はこのような他者への非難や強制を含んだ不合理な行動は、一見つながり希求のようであっても、実際は自己や他者を世界観に同調させたいという欲求の現れだったのではないかと考えています。

絆や支援といった関係性関連の言葉は、一見道徳的で、また耳に心地良く響きます。そのため、個人の自由意思や、経済を委縮させる危険をはらむような行為すら正当化してしまう危険性があります。実際に、全国で広がった自粛ムードは、経済に悪影響を及ぼしました（日経ビジネスオンライン 二〇一一）。利他性や協力はさまざまな社会的困難の克服にとって重要であることは間違いありません。ただし、何が最適な方法であるかは状況によって流動的であり、常に議論に開かれていなければなりません。また、人が他者からの強制を嫌うことや、自発的な行為はより意欲が維持されやすいことを考えれば、同調を強制するのは有効ではありません。支援や協力を考える場合には表層の言葉に惑わされず、世界観同調への圧力や、異なる考えを持った他者の排除がそこに忍び込んでいないかを冷静に見極める必要があります。

存在脅威管理理論とそれに基づく研究がもたらした知識は、存在論的恐怖が顕現化する状況で生じる行動や現象の理解を深め、平和的でより望ましい対処のあり方を考える枠組みとなるものです。本書で取り上げた内容が、そのような取組みの一助となれば幸いです。

二〇一二年七月

脇本竜太郎

Social Psychology Bulletin, **37**, 687–700.

Wegner, D. M. (1994). Ironic processes of mental control. *Psychological Review*, **101**, 34–52.

White, P. H., Sanbonmatsu, D. M., & Croyle, R. T. (2002). Test of socially motivated underachievement: 'Letting up' for others. *Journal of Experimental Social Psychology*, **38**, 162–169.

Wilson, A. E., & Ross, M. (2001). From chump to champ: People's appraisals of their earlier and present selves. *Journal of Personality and Social Psychology*, **80**, 572–584.

Wink, P. (1991). Two faces of narcissism. *Journal of Personality and Social Psychology*, **61**, 590–597.

Wisman, A., & Goldenberg, J. L. (2005). From the grave to the cradle: Evidence that mortality salience engenders a desire for offspring. *Journal of Personality and Social Psychology*, **89**, 46–61.

change: Violence and terrorism versus peace. *Journal of Social Issues*, **61**, 761–784.

Skitka, L. J., Bauman, C. W., & Mullen, E. (2004). Political tolerance and coming to psychological closure following the September 11, 2001, terrorist attacks: An integrative approach. *Personality and Social Psychology Bulletin*, **30**, 743–756.

Smieja, M., Kalaska, M., & Adamczyk, M. (2006). Scared to death or scared to love?　Terror management theory and close relationships seeking. *European Journal of Social Psychology*, **36**, 279–296.

Solomon, S., Greenberg, J., & Pyszczynski, T. (1991). A terror management theory of social behavior: The psychological functions of self-esteem and cultural worldviews. In M. P. Zanna (Ed.), *Advances in experimental social psychology*. Vol. 24. New York: Academic Press. pp. 93–159.

Solomon, S., Greenberg, J., & Pyszczynski, T. (1997). Return of the living dead-response. *Psychological Inquiry*, **8**, 59–71.

Tajifel, H., Billing, M. G., Bundy, P. R., & Flament, C. (1971). Social categorization and intergroup behavior. *European Journal of Social Psychology*, **1**, 149–178.

高橋雅延（2000）．記憶と自己　多鹿秀継・太田信夫（編）記憶研究の最前線　北大路書房　pp. 229–246.

Taylor, S. E., & Brown, J. D. (1988). Illusion and well-being: A social psychological perspective on mental health. *Psychological Bulletin*, **103**, 193–210.

Torabi, M. R., & Seo, D.-C. (2004). National study of behavioral and life changes since September 11. *Health Education and Behavior*, **31**, 179–192.

Wakimoto, R. (2006). Mortality salience effects on modesty and relative self-effacement. *Asian Journal of Social Psychology*, **9**, 176–183.

Wakimoto, R. (2011). Reconstruction of the subjective temporal distance of past interpersonal experiences after mortality salience. *Personality and*

Pyszczynski, T., Greenberg, J., Solomon, S., Arndt, J., & Schimel, J. (2004). Converging toward an integrated theory of self-esteem: Reply to Crocker and Nuer (2004), Ryan and Deci (2004), and Leary (2004). *Psychological Bulletin*, **130**, 483–488.

Rosenblatt, A., Greenberg, J., Solomon, S., Pyszczynski, T., & Lyon, D. (1989). Evidence for terror management theory I: The effects of mortality salience on reactions to those who violate or uphold cultural values. *Journal of Personality and Social Psychology*, **57**, 681–690.

Rothschild, Z. K., Abdollahi, A., & Pyszczynski, T. (2009). Does peace have a prayer? The effect of mortality salience, compassionate values, and religious fundamentalism on hostility toward outgroups. *Journal of Experimental Social Psychology*, **45**, 816–827.

Routledge, C., Arndt, J., & Goldenberg, J. L. (2004). A time to tan: Proximal and distal effects of mortality salience on sun exposure intentions. *Personality and Social Psychology Bulletin*, **30**, 1347–1358.

Ryan, R. M., & Deci, E. L. (2000). Self-determination theory and the facilitation of intrinsic motivation, social development, and well-being. *American Psychologist*, **55**, 68–78.

Schimel, J., Hayes, J., Williams, T., & Jarring, J. (2007). Is death really the worm at the core? Converging evidence that worldview threat increases death-thought accessibility. *Journal of Personality and Social Psychology*, **92**, 789–803.

Schimel, J., Simon, L., Greenberg, J., Pyszczynski, T., Solomon, S., Waxmonsky, J., & Arndt, J. (1999). Stereotypes and terror management: Evidence that mortality salience enhances stereotypic thinking and preferences. *Journal of Personality and Social Psychology*, **77**, 905–926.

Schwarz, N., & Clore, G. L. (1988). How do I feel about it? The informative function of affective states. In K. Fiedler, & J. Forgas (Eds.), *Affect, cognition and social behavior*. Hogrefe. pp. 44–62.

Silberman, I., Higgins, E. T., & Dweck, C. S. (2005). Religion and world

Motyl, M., Hart, J., Pyszczynski, T., Weise, D., Maxfield, M., & Siedel, A. (2011). Subtle priming of shared human experiences eliminates threat-induced negativity toward Arabs, immigrants, and peace-making. *Journal of Experimental Social Psychology*, **47**, 1179-1184.

村本由紀子・山口　勧（1994）．自己呈示における自己卑下・集団高揚規範の存在について　日本社会心理学会第35回大会発表論文集，222-225．関西大学

内閣府大臣官房政府広報室（2012）．社会意識に関する世論調査（平成24年1月調査）内閣府2012年4月2日〈http://www8.cao.go.jp/survey/h23/h23-shakai/index.html〉（2012年4月2日）

Navarrete, C. D., Kurzban, R., Fessler, D. M. T., & Rirkpatrick, L. A. (2004). Anxiety and intergroup bias: Terror management or coalitional psychology? *Group Processes and Intergroup Relations*, **7**, 370-397.

Nelson, L. J., Moore, D. L., Olivetti, J., & Scott, T. (1997). General and personal mortality salience and nationalistic bias. *Personality and Social Psychology Bulletin*, **23**, 884-892.

日経ビジネスオンライン（2011）．広がる過剰自粛に悲鳴　2011年4月5日〈http://business.nikkeibp.co.jp/article/topics/20110401/219269/?P=2〉（2012年4月3日）

野寺　綾・唐沢かおり・沼崎　誠・高林久美子（2007）．恐怖管理理論に基づく性役割ステレオタイプ活性の促進要因の検討　社会心理学研究，**23**, 195-201.

沼崎　誠（1995）．受け手が抱く印象に獲得的および主張的セルフ・ハンディキャッピングが与える効果　実験社会心理学研究，**35**, 14-22.

Park, L. E., & Crocker, J. (2005). Interpersonal consequences of seeking self-esteem. *Personality and Social Psychology Bulletin*, **31**, 1587-1598.

Pyszczynski, T., Greenberg, J., & Solomon, S. (1999). A dual-process model of defense against conscious and unconscious death-related thoughts: An extension of terror management theory. *Psychological Review*, **106**, 835-845.

Leary, M. R., Tambor, E. S., Terdal, S. K., & Downs, D. L. (1995). Self-esteem as an interpersonal monitor: The sociometer hypothesis. *Journal of Personality and Social Psychology*, **68**, 518–530.

Leyens, J., Paladino, P., Rodriguez-Torres, R., Vaes, J., Demoulin, S., Rodriguez-Perez, A., & Gaunt, R. (2000). The emotional side of prejudice: The attribution of secondary emotions to ingroups and outgroups. *Personality and Social Psychology Review*, **4**, 186.

Lieberman, J. D. (1999). Terror management, illusory correlation, and perceptions of minority groups. *Basic and Applied Social Psychology*, **21**, 13–23.

Mandel, N., & Heine, S. J. (1999). Terror management and marketing: He who dies with the most toys wins. *Advances in Consumer Research*, **26**, 527–532.

McGregor, H. A., Lieberman, J. D., Greenberg, J., Solomon, S., Arndt, J., Simon, L., et al. (1998). Terror management and aggression: Evidence that mortality salience motivates aggression against worldview-threatening others. *Journal of Personality and Social Psychology*, **74**, 590–605.

Mikulincer, M., & Florian, V. (2002). The effects of mortality salience on self-serving attributions: Evidence for the function of self-esteem as a terror management mechanism. *Basic and Applied Social Psychology*, **24**, 261–271.

Mikulincer, M., Florian, V., Birnbaum, G., & Malishkevich, S. (2002). The death-anxiety buffering function of close relationships: Exploring the effects of separation reminders on death-thought accessibility. *Personality and Social Psychology Bulletin*, **28**, 287–299.

Mikulincer, M., Florian, V., & Hirschberger, G. (2003). The existential function of close relationships: Introducing death into the science of love. *Personality and Social Psychology Review*, **7**, 20–40.

Morgan, G. S., Wisneski, D. C., & Skitka, L. J. (2011). The expulsion from Disneyland. *American Psychologist*, **66** (6), 447–454.

348–351.

Kruglanski, A., & Webster, D. (1996). Motivated closing of the mind: "Seizing" and "freezing". *Psychological Review*, **103**, 263–283.

Kosloff, S., Greenberg, J., Sullivan, D., & Weise, D. (2010). Of trophies and pillars: Exploring the terror management functions of short-term and long-term relationship partners. *Personality and Social Psychology Bulletin*, **36**, 1037–1051.

Landau, M. J., Goldenberg, J. L., Greenberg, J., Gillath, O., Solomon, S., Cox, C., et al. (2006). The Siren's call: Terror management and the threat of men's sexual attraction to women. *Journal of Personality and Social Psychology*, **90**, 129–146.

Landau, M. J., Solomon, S., Greenberg, J., Cohen, F., & Pyszczynski, T. (2004). Deliver us from evil: The effects of mortality salience and reminders of 9/11 on support for President George W. Bush. *Personality and Social Psychology Bulletin*, **30**, 1136–1150.

Landau, M. J., Solomon, S., Pyszczynski, T., & Greenberg, J. (2007). On the compatibility of terror management theory and perspectives on human evolution. *Evolutionary Psychology*, **5**, 476–519.

Leary, M. R. (2004a). The function of self-esteem in terror management theory and sociometer theory: Comment on Pyszczynski et al. (2004). *Psychological Bulletin*, **130**, 478–482.

Leary, M. R. (2004b). The sociometer, self-esteem, and the regulation of interpersonal behavior. In R. F. Baumeister, & K. D. Vohs (Eds.), *Handbook of self-regulation: Research, theory, and applications*. New York: The Guilford Press. pp. 373–391.

Leary, M. R., Haupt, A., Strausser, K., & Chokel, J. (1998). Calibrating the sociometer: The relationship between interpersonal appraisals and state self-esteem. *Journal of Personality and Social Psychology*, **74**, 1290–1299.

Leary, M. R., & Schreindorfer, L. S. (1997). Unresolved issues with terror management theory. *Psychological Inquiry*, **8**, 26–29.

to compromise mate selection standards. *European Journal of Social Psychology*, **32**, 609–625.

Hirschberger, G., Florian, V., & Mikulincer, M. (2003). Strivings for romantic intimacy following partner complaint or partner criticism: A terror management perspective. *Journal of Social and Personal Relationships*, **20**, 675–687.

Hogg, M. A. (2000). Subjective uncertainty reduction through self-categorization: A motivational theory of social identity processes. *European Review of Social Psychology*, **11**, 223–255.

Huddy, L., Khatib, N., & Capelos, T. (2002). Trends: Reactions to the terrorist attacks of September 11, 2001. *Public Opinion Quarterly*, **66**, 418–450.

Ibish, H., & Stewart, A. (2003). *Report on hate crimes and discrimination against Arab Americans: The post-September 11 backlash, September 11, 2001-October 11, 2002.* American-Arab Anti-Discrimination Committee. 〈http://www.adc.org/PDF/hcr02.pdf〉 (2011 年 10 月 30 日)

伊藤忠弘 (2004). 達成行動における「他者志向的動機」の役割　帝京大学心理学紀要, **8**, 63–89.

Jost, J. T., Napier, J. L., Thorisdottir, H., Gosling, S. D., Palfai, T. P., & Ostafin, B. (2007). Are needs to manage uncertainty and threat associated with political conservatism or ideological extremity?　*Personality and Social Psychology Bulletin*, **33**, 989–1007.

亀田達也・村田光二 (2000). 複雑さに挑む社会心理学――適応エージェントとしての人間――　有斐閣

上瀬由美子 (2002). ステレオタイプの社会心理学――偏見の解消に向けて――　サイエンス社

Karney, B. R., & Coombs, R. H. (2000). Memory bias in long term close relationships: Consistency or improvement?　*Personality and Social Psychology Bulletin*, **26**, 959–970.

Kasser, T., & Sheldon, K. M. (2000). Of wealth and death: Materialism, mortality salience, and consumption behavior. *Psychological Science*, **11**,

Greenberg, J., Pyszczynski, T., Solomon, S., Simon, L., & Breus, M. J. (1994). The role of consciousness and accessibility of death-related thoughts in mortality salience effects. *Journal of Personality and Social Psychology*, **67**, 627–637.

Greenberg, J., Schimel, J., Martens, A., Solomon, S., & Pyszczynski, T. (2001). Sympathy for the devil: Evidence that reminding whites of their mortality promotes more favorable reactions to white racists. *Motivation and Emotion*, **25**, 113–133.

Greenberg, J., Simon, L., Harmon-Jones, E., Solomon, S., Pyszczynski, T., & Lyon, D. (1995). Testing alternative explanations for mortality salience effects: Terror management, value accessibility, or worrisome thoughts. *European Journal of Social Psychology*, **25**, 417–433.

Greenberg, J., Simon, L., Pyszczynski, T., Solomon, S., & Chatel, D. (1992). Terror management and tolerance: Does mortality salience always intensify negative reactions to others who threaten one's worldviews? *Journal of Personality and Social Psychology*, **63**, 212–220.

Greenberg, J., Solomon, S., & Pyszczynski, T. (1997). Terror management theory of self-esteem and cultural worldviews: Empirical assessments and conceptual refinements. In M. P. Zanna (Ed.), *Advances in experimental social psychology*. Vol. 29. New York: Academic Press. pp. 61–139.

Greenwald, A. G., McGhee, D. E., & Schwartz, J. L. K. (1998). Measuring individual differences in implicit cognition: The implicit association test. *Journal of Personality and Social Psychology*, **74**, 1464–1480.

Hart, J., Shaver, P. R., & Goldenberg, J. L. (2005). Attachment, self-esteem, worldviews, and terror management: Evidence for a tripartite security system. *Journal of Personality and Social Psychology*, **88**, 999–1013.

Heine, S. J., Harihara, M., & Niiya, Y. (2002). Terror management in Japan. *Asian Journal of Social Psychology*, **5**, 187–196.

Hirschberger, G., Florian, V., & Mikulincer, M. (2002). The anxiety buffering function of close relationships: Mortality salience effects on the readiness

(2000). The body as a source of self-esteem: The effect of mortality salience on identification with one's body, interest in sex, and appearance monitoring. *Journal of Personality and Social Psychology*, **79**, 118–130.

Goldenberg, J. L., Pyszczynski, T., Greenberg, J., Solomon, S., Kluck, B., & Cornwell, R. (2001). I am not an animal: Mortality salience, disgust, and the denial of human creatureliness. *Journal of Experimental Psychology: General*, **130**, 427–435.

Grabe, S., Routledge, C., Cook, A., Andersen, C., & Arndt, J. (2005). In defense of the body: The effect of mortality salience on female body objectification. *Psychology of Women Quarterly*, **29**, 33–37.

Greenberg, J., Porteus, J., Simon, L., Pyszczynski, T., & Solomon, S. (1995). Evidence of a terror management function of cultural icons: The effects of mortality salience on the inappropriate use of cherished cultural symbols. *Personality and Social Psychology Bulletin*, **21**, 1221–1228.

Greenberg, J., Pyszczynski, T., Burling, J., Simon, L., Solomon, S., Rosenblatt, A., Lyon, D., & Pinel, E. (1992). Why do people need self-esteem: Converging evidence that self-esteem serves an anxiety-buffering function. *Journal of Personality and Social Psychology*, **63**, 913–922.

Greenberg, J., Pyszczynski, T., & Solomon, S. (1986). The causes and consequences of a need for self-esteem: A terror management theory. In R. F. Baumeister (Ed.), *Public self and private self.* Springer-Verlag.

Greenberg, J., Pyszczynski, T., Solomon, S., Pinel, E., Simon, L., & Jordan, K. (1993). Effects of self-esteem on vulnerability-denying defensive distortions: Further evidence of an anxiety-buffering function of self-esteem. *Journal of Experimental Social Psychology*, **29**, 229–251.

Greenberg, J., Pyszczynski, T., Solomon, S., Rosenblatt, A., Veeder, M., Kirkland, S., & Lyon, D. (1990). Evidence for terror management theory II: The effects of mortality salience on reactions to those who threaten or bolster the cultural worldview. *Journal of Personality and Social Psychology*, **58**, 308–318.

function of close relationships: Evidence that relationship commitment acts as a terror management mechanism. *Journal of Personality and Social Psychology*, **82**, 527–542.

Foyle, D. C. (2004). Leading the public to war? The influence of American public opinion on the Bush administration's decision to go to war in Iraq. *International Journal of Public Opinion Research*, **16**, 269–294.

Fredrickson, B. L., & Roberts, T.-A. (1997). Objectification theory: Toward understanding women's lived experiences and mental health risks. *Psychology of Women Quarterly*, **21**, 173–206.

Fritsche, I., Jonas, E., Fischer, P., Koranyi, N., Berger, N., & Fleischmann, B. (2007). Mortality salience and the desire for offspring. *Journal of Experimental Social Psychology*, **43**, 753–762.

Gaertner, L., & Schopler, J. (1998). Perceived ingroup entitativity and intergroup bias: An interconnection of self and others. *European Journal of Social Psychology*, **28**, 963–980.

Goldenberg, J. L., Arndt, J., Hart, J., & Brown, M. (2005). Dying to be thin: The effects of mortality salience and body mass index on restricted eating among women. *Personality and Social Psychology Bulletin*, **31**, 1400–1412.

Goldenberg, J. L., Cox, C. R., Pyszczynski, T., Greenberg, J., & Solomon, S. (2002). Understanding human ambivalence about sex: The effects of stripping sex of meaning. *Journal of Sex Research*, **39**, 310–320.

Goldenberg, J. L., Goplen, J., Cox, C. R., & Arndt, J. (2007). "Viewing" pregnancy as an existential threat: The effects of creatureliness on reactions to media depictions of the pregnant body. *Media Psychology*, **10**, 211–230.

Goldenberg, J. L., Hart, J., Pyszczynski, T., Warnica, G. M., Landau, M., & Thomas, L. (2006). Ambivalence toward the body: Death, neuroticism, and the flight from physical sensation. *Personality and Social Psychology Bulletin*, **32**, 1264–1277.

Goldenberg, J. L., McCoy, S. K., Pyszczynski, T., Greenberg, J., & Solomon, S.

Light' shines from WTC site in New York. CNN.com　2004年12月12日〈http://edition.cnn.com/2004/US/09/11/911.anniversary/index.html?iref=allsearch〉(2011年12月19日)

Cox, C. R., Arndt, J., Pyszczynski, T., Greenberg, J., Abdollahi, A., & Solomon, S. (2008). Terror management and adults' attachment to their parents: The safe haven remains. *Journal of Personality and Social Psychology*, **94**, 696–717.

Cox, C. R., Goldenberg, J. L., Arndt, J., & Pyszczynski, T. (2007). Mother's milk: An existential perspective on negative reactions to breast-feeding. *Personality and Social Psychology Bulletin*, **33**, 110–122.

Cox, C. R., Goldenberg, J. L., Pyszczynsk, T., & Weise, D. (2007). Disgust, creatureliness and the accessibility of death-related thoughts. *European Journal of Social Psychology*, **37**, 494–507.

Crocker, J., & Park, L. E. (2004). The costly pursuit of self-esteem. *Psychological Bulletin*, **130**, 392–414.

Dechesne, M., Greenberg, J., Arndt, J., & Schimel, J. (2000). Terror management and the vicissitudes of sports fan affiliation: The effects of mortality salience on optimism and fan identification. *European Journal of Social Psychology*, **30**, 813–835.

Dechesne, M., Janssen, J., & van Knippenberg, A. (2000). Derogation and distancing as terror management strategies: The moderating role of need for closure and permeability of group boundaries. *Journal of Personality and Social Psychology*, **79**, 923–932.

Dweck, C. S. (1986). Motivational processes affecting learning. *American Psychologist*, **41**, 1040–1048.

Elliot, E. S., & Dweck, C. S. (1988). Goals: An approach to motivation and achievement. *Journal of Personality and Social Psychology*, **54**, 5–12.

遠藤由美・阪東哲也 (2006). 他者からのフィードバックの解釈に影響を及ぼす自尊感情の効果　関西大学社会学部紀要，**38**, 39–55.

Florian, V., Mikulincer, M., & Hirschberger, G. (2002). The anxiety-buffering

Arndt, J., Routledge, C., Greenberg, J., & Sheldon, K. M. (2005). Illuminating the dark side of creative expression: Assimilation needs and the consequences of creative action following mortality salience. *Personality and Social Psychology Bulletin*, **31**, 1327–1339.

Arndt, J., Schimel, J., & Goldenberg, J. L. (2003). Death can be good for your health: Fitness intentions as a proximal and distal defense against mortality salience. *Journal of Applied Social Psychology*, **33**, 1726–1746.

朝日新聞（2011）．節電しても被災地に送れない……問い合わせ殺到に中電困惑　2011 年 3 月 21 日〈http://mytown.asahi.com/areanews/okayama/OSK201103200054.html〉（2012 年 4 月 1 日）

Baumeister, R. F., Smart, L., & Boden, J. M. (1996). Relation of threatened egotism to violence and aggression: The dark side of high self-esteem. *Psychological Review*, **103**, 5–33.

Becker, E. (1997). *The denial of death*. New York: Free Press. (Original Work Published in 1973)

Bowlby, J. (1969). *Attachment and loss*. New York: Basic Books.

Bushman, B. J., Bonacci, A. M., Pedersen, W. C., Miller, N., & Vasquez, N. A. (2005). Chewing on it can chew you up: Effects of rumination on triggered displaced aggression. *Journal of Personality and Social Psychology*, **88**, 969–983.

Buss, D. M. (1997). Human social motivation in evolutionary perspective: Grounding terror management theory. *Psychological Inquiry*, **8**, 22–26.

Castano, E., Yzerbyt, V., Paladino, M. P., & Sacchi, S. (2002). I belong, therefore, I exist: Ingroup identification, ingroup entitativity, and ingroup bias. *Personality and Social Psychology Bulletin*, **28**, 135–143.

Cialdini, R. B., Kallgren, C. A., & Reno, R. R. (1991). A focus theory of normative conduct: A theoretical refinement and reevaluation of the role of norms in human behavior. In M. P. Zanna (Ed.), *Advances in experimental social psychology*. Vol. 24. San Diego: Academic Press. pp. 201–234.

CNN (2004). *Remembering September 11, 2001: As night falls, 'Tribute in*

引用文献

Abdollahi, A., Pyszczynski, T., Maxfield, M., & Lusyszczynska, A. (2011). Post-traumatic stress reactions as a disruption in anxiety-buffer functioning: Dissociation and responses to mortality salience as predictors of severity of post-traumatic symptoms. *Psychological Trauma: Theory, Research, Practice, and Policy*, **3**, 329–341.

Altemeyer, B. (2003). Why do religious fundamentalists tend to be prejudiced? *The International Journal for the Psychology of Religion*, **13**, 17–28.

Arndt, J., Allen, J. J. B., & Greenberg, J. (2001). Traces of terror: Subliminal death primes and facial electromyographic indices of affect. *Motivation and Emotion*, **25** (3), 253–277.

Arndt, J., Greenberg, J., Pyszczynski, T., & Solomon, S. (1997). Subliminal exposure to death-related stimuli increases defense of the cultural worldview. *Psychological Science*, **8**, 379–385.

Arndt, J., Greenberg, J., Schimel, J., Pyszczynski, T., & Solomon, S. (2002). To belong or not to belong, that is the question: Terror management and identification with gender and ethnicity. *Journal of Personality and Social Psychology*, **83**, 26–43.

Arndt, J., Greenberg, J., Solomon, S., Pyszczynski, T., & Schimel, J. (1999). Creativity and terror management: Evidence that creative activity increases guilt and social projection following mortality salience. *Journal of Personality and Social Psychology*, **77**, 19–32.

Arndt, J., Greenberg, J., Solomon, S., Pyszczynski, T., & Simon, L. (1997). Suppression, accessibility of death-related thoughts, and cultural worldview defense: Exploring the psychodynamics of terror management. *Journal of Personality and Social Psychology*, **73**, 5–18.

著 者 略 歴

脇本《わきもと》　竜太郎《りゅうたろう》

2002年　東京大学教育学部卒業

2007年　東京大学大学院教育学研究科博士課程単位取得退学

現　在　明治大学情報コミュニケーション学部専任講師

博士（教育学）

主要著書・論文

『自己と対人関係の社会心理学――「わたし」を巡るこころと行動』（分担執筆）（北大路書房，2009）

『社会心理学――社会で生きる人のいとなみを探る』（分担執筆）（ミネルヴァ書房，2009）

'Reconstruction of the subjective temporal distance of past interpersonal experiences after mortality salience.'（単著）（'*Personality and Social Psychology Bulletin*', 2011）

「存在論的恐怖が自己卑下的帰属および他者からの支援的帰属の期待に及ぼす影響の検討」（単著）（「実験社会心理学研究」，2009）

「存在脅威管理理論の足跡と展望――文化内差・文化間差を組み込んだ包括的な理論化に向けて」（単著）（「実験社会心理学研究」，2005）

セレクション社会心理学－27
存在脅威管理理論への誘い
——人は死の運命にいかに立ち向かうのか——

2012年9月25日© 初版発行

著 者 脇本竜太郎 発行者 木下敏孝
印刷者 中澤 眞
製本者 小高祥弘

発行所 株式会社 サイエンス社
〒151-0051 東京都渋谷区千駄ヶ谷1丁目3番25号
営業☎(03)5474-8500(代) 振替 00170-7-2387
編集☎(03)5474-8700(代)
FAX☎(03)5474-8900

印刷 (株)シナノ 製本 小高製本工業(株)
《検印省略》

ISBN978-4-7819-1309-4

PRINTED IN JAPAN

サイエンス社のホームページのご案内.
http://www.saiensu.co.jp
ご意見・ご要望は
jinbun@saiensu.co.jp まで.